# 民国女子

你若盛开 蝴蝶自來

翦秋水 著

国际文化出版公司
·北京·

图书在版编目（CIP）数据

你若盛开，蝴蝶自来：民国女子 / 翦秋水著．—北京：国际文化出版公司，2014.12
ISBN 978-7-5125-0283-3

I.①你… II.①翦… III.①女性－名人－生平事迹－中国－民国
IV.①K828.5

中国版本图书馆 CIP 数据核字（2014）第 300313 号

**你若盛开，蝴蝶自来：民国女子**

**作　　者**　翦秋水
**责任编辑**　赵　辉
**统筹监制**　葛宏峰　李　莉
**策划制作**　李　莉
**美术编辑**　秦　宇
**出版发行**　国际文化出版公司
**经　　销**　国文润华文化传媒（北京）有限责任公司
**印　　刷**　阳谷毕升印务有限公司
**开　　本**　880 毫米 ×1230 毫米　32 开
8.5 印张　146 千字
**版　　次**　2015 年 3 月第 1 版
2020 年 1 月第 2 次印刷
**书　　号**　ISBN 978-7-5125-0283-3
**定　　价**　45.00 元

国际文化出版公司
北京朝阳区东土城路乙 9 号　邮编：100013
总编室：（010）64271551　传真：（010）64271578
销售热线：（010）64271187
传真：（010）64271187-800
E-mail：icpc@95777.sina.net
http://www.sinoread.com

目　录 CONTENTS ／ 你若盛开，蝴蝶自来　民　国　女　子



人生，只是一个故事。

我们唱念做打，演绎的不过是一出人生的戏。

在戏中，悲喜皆有，爱恨亦有。

所谓幸福，也全在自己的努力中拥有。

只是，能若民国第一强势女名媛蒋碧薇那般，

做一个幸福的生活逆袭者鲜有之。

爱与被爱，都曾是幸福。

遭遇背叛后，她可是罕见地将前尘往事收拾得干净见底，

依然把日子过得如夏花绚烂的雅心女子。

## 倾谈二：吕碧城——特立独行过一生 / 017

读一本书，爱一个人，过一生。

世间得有多少女子，都终其所有追求这爱的最佳境地。

只是，即便人生真的删繁就简了，也还是存在着那芜杂的诱惑。

为爱活一生的女子，多是一心一意地，活出一朵孤绝的花来。

就比如，惊才艳绝的吕碧城。

为了真爱，孤绝一生。终究活成了一世落花。

不过，于我看来——

摘叶飞花，都成意境。

有意无意，都是人生。

吕碧城非同凡响的一生，亦如镜中花，如水中月艳绝于人。

亦活得那般地惊动世事，令后来女子们个个艳羡不止。

## 倾谈三：王映霞——倾尽所有做自己 / 035

睿智若她。

爱恨纠缠里，她进退自如，

所以，她的爱情不受伤。

清醒若她。

始终知道自己要什么，哪怕倾尽所有，

也要过自己想要的生活的样子。

细想，一个女子的人生都应当如此自我地把握自己的命运，

而不是一任盲从地交付给哪个男人。

如此，才可若她王映霞一样获得人生的圆满。

## 倾谈六：潘玉良——以自己喜欢的方式过一生 / 089

她非同寻常的人生际遇，
像是达·芬奇笔下蒙娜丽莎那一丝永恒如谜萦绕于唇边的微笑，
令人回味无穷。
她油彩中所散发出来的那一抹凝香，
是为让一座城市、一个年代的人沉醉不知归路。
她传奇的经历，更是让世人惊叹连连。

## 倾谈七：张爱玲——勇敢地做自己 / 109

有人说："世间只有爱玲一个人，
可同时承受灿烂夺目的喧闹与极度的孤寂。"
于我，她始终是 40 年代沦陷区废墟上绽开的罂粟花。
于 40 年代初的上海滩横绝于世，
于浩渺的宇宙间宛如一颗璀璨的彗星，
划过天际，令人不可逼视。
至始终，她在一个人的城池里，
一双天然妙目，君临她的城下，
那么干净凛冽，无一丝的杯盘狼藉。
以她最好最令人仰止的样子示人。

她不是烟花，却比烟花寂寞三分；
她不是玫瑰，却比玫瑰动人无许。
她是一汪碧海，透明澄净又深广难测；
她是 20 世纪流动的瑰丽诗篇，
历经劫难，却未曾就此萎靡而衰。
民国女神，她绝对称之无愧，
然女神背后的头衔是女人，
是烟视媚行的女人，自妩媚与温柔着。



她，是传奇；
隔着如许烟波岁月，
隔着那些男子的深情，
美成书页中的一个剪影。
她，是真正的美人；
出众的才，倾城的貌，
是千百年才只此一个的才貌双全的女子。
可耐得住学术的清冷和寂寞，
亦可受得了生活的艰辛及贫困。
聪颖、美丽、坚韧，成就了她绚烂的一生。

胡蝶，是女性中的极品，
容颜瑰丽，品格娴雅，职场完美，人生丰富。
胡蝶，亦是极其智慧和坚忍的女子，
懂得进退，懂得自持，
懂得花无百日好，懂得繁华一瞬间。
这一生，温润如玉的她——
都戒不掉做自己。



世事变迁，于她不过是人生舞台布景的变换；
爱断情伤，于她只若换了个男主角来演对手戏；
生儿育女，于她仿佛是剧本里安排的戏份；
繁杂琐事，于她更是不值一哂的皮毛。
诚然，
在她的世界，只有一条准则：
爱自己，才是自己人生的骨架。

世人知她苏青，
便是由那两个艳才情绝的人的文字中晓得的。
不过，无论是张爱玲的《我看苏青》，还是胡兰成的《说苏青》，
诉诸于世人眼帘的都只是一个邻家妹妹的普通寻常。
然，这之外的苏青，
实则是旧时上海滩上一个“极富盛誉的女作家”，
是为一个傲骨的女子。



她，是这样美好的女子——
仿佛门环上的老绿，滴出暗锈来，
摸一把，似摸到记忆，而推开门，
却看到院子里，满目荒愁。
她一袭男装，凛凛然站在戏台上，唱着“一马离了西凉界……”
让世人深刻地记了一个世纪！

她，是中国的“娜拉”，中国的“信子”。

她的一生，可谓坎坷，亦可谓华美。

她用一个世纪的风雨华美，

编织了一个青楼女子蝶变成实业家的传奇，

为那时上海滩增添了一道永恒又绚丽的风景。

她的传奇，于世人——

温暖如水，明媚如花。

# 倾谈 一 蒋碧薇

## 做幸福生活的逆袭者

人生，只是一个故事。

我们唱念做打，演绎的不过是一出人生的戏。

在戏中，悲喜皆有，爱恨亦有。

所谓幸福，也全在自己的努力中拥有。

只是，能若民国第一强势女名媛蒋碧薇那般，

做一个幸福的生活逆袭者鲜有之。

爱与被爱，都曾是幸福。

遭遇背叛后，她可是罕见地将前尘往事收拾得干净见底，

依然把日子过得如夏花绚烂的雅心女子。

# 导语

在锦绣如云的民国名媛中，蒋碧薇无疑是被历史大写的女子。

她，为爱私奔。

——为了心中仰慕深久的他，为了心中那份坚贞不移的爱情，十八岁的她毅然跟随着心上人徐悲鸿踏上私奔之路。

这是种至为大胆的爱，是为爱赴汤蹈火，在所不惜。即便是如今也是让好多女子侧目的，更何况那个封建余存尚浓的年代。由此可见，她在为爱无畏的胆识下，亦有着叛逆的反封建心态。

她，遭遇爱的背叛。

——能若她这般痛心之余，面对情变而不惊，转而索重金休夫另寻怀抱者的女子，真真是廖若星辰。我见识过太多强势的女子，不过若她这般干脆的女子却是最让我佩服的。她，没有传统女性的软弱，亦没有迁就男权的劣根性。当爱人不爱时她绝不唱那曲怨妇吟，而是将前尘往事收拾得一干二净，并于莞尔间潇洒地携细软再奔赴一场有爱的爱情里。如此，什么一哭二闹三上吊的调调都弱爆了。

是女子，真心都当如此。

做一个幸福生活的逆袭者。

即便生活不喜欢你，即便爱情背叛了你，都要无畏一如往既，做个生活里的被无数人高山仰止的强者。

尤其是女子。

※

人生，有许多遇见。

遇见谁，亦如同宿命。

她，遇见他的时候，就如那命中注定。

那时，她的名字还叫蒋棠珍。十八岁的妙龄年华，是会冲动地于瞬间爱上一个人的。棠珍，即如此。所以当她在窗帘后，听着伯父和徐先生的聊天，一颗芳心便悸动了，仿佛小鹿乱撞般惊动了她的一颗少女情怀的心。

那时，她虽已是苏州望族查家的准儿媳，可是那个媒妁之言下的男子是未曾在她心里掀起任何涟漪的。一个只是被言说的影子，断断入不了她的心的。而徐悲鸿，则不同。首先，他独有的外表和行为，便在第一时间的初见里俘获了她的心。另外，他的那些耳详的奇闻逸事更是如同一首悦耳的诗，如溪流湍急在她的内心里激荡着。在她看来，白布鞋里穿双红袜子为父服丧；兼授始齐女学课程，天一亮由城里步行三十里赶去上课，中途过家门而不入……如是的徐悲鸿，是独特的、与众不同的、另类的，且极具吸引力的。

这样的悲鸿，棠珍是深爱着的，可以说是迷恋着的。

有人说，她爱上徐悲鸿，不如说是她看中了他才二十初头的年纪就有的出众才情和不朽魅力。

话说，哪个女子的爱，不是由崇拜开始，及至才有了痴迷的。

※

他们之间的爱情，亦是两情相悦的。

徐悲鸿对棠珍的爱意，也是由第一眼的一见钟情开始的。作为棠珍的伯父蒋兆兰和姐夫程博威的好友，因为同在宜兴女子学校教书的缘故，他深得棠珍父母的喜爱。因而，在爱上棠珍之初，他便借着这样的关系成了蒋家的常客。时日久长里，他对棠珍的爱可谓到了如痴如醉的境界。

爱恋，便在他们的心里暗自开出花朵来。

喜欢徐悲鸿的棠珍的父母，亦叹惋道："如果我们再有一个女儿，那该多好啊！"棠珍，明了父母的叹惋及对悲鸿的喜爱。

那时姐姐早已嫁人，而自己也早已订婚，可她的父母多么想拥有徐悲鸿这般的好女婿！他们仍是活在旧时的人，认为媒妁之言下的约束是道鸿沟无以逾越。即便觉得悲鸿那样的好，亦无法做到无所畏惧地接纳。

棠珍，还没叫碧薇的棠珍，却不曾畏惧过，一丝一毫都未曾有过。她决绝地遵循着自己的那颗爱着的真心，将对悲鸿的喜悦流露于言语中、行动中。是敢爱的女子，亦是执着的女子。

所以，当悲鸿托挚友朱了洲先生来到她家，趁她父母不在的空当问她，“如果有一个人，想带你出国，你愿意吗”时，棠珍表现出了她果敢的一面，她虽还有着少女羞涩的心，但是仍决绝地给予了肯定的答案。只因，悲鸿是她梦里魂里都牵挂思念着的那个人。

这样的她，真的魄力非凡。即便是在今日，也未曾有几多这样的女子。

要知道，那时的她还从未曾正式和任何一个男子有过一次单独的约会。

是爱的力量吧。她把一封告别信留在了母亲的针线筐里，将十三岁就已订好的婚约抛到脑后，一腔热忱地奔赴到心仪已久的悲鸿的怀抱。

也许，这个年龄的她，除了敢爱，再没有什么事儿比这更重要了。

※

1917年，棠珍跟随着深爱的男人私奔东渡，到了日本。

这一叛逆而大胆的举动，让她名动那时光影之际，也给蒋家带来了极大的麻烦。所幸，她的父母温善，在为她善后之余，最终还原谅了他们。

蒋家毕竟是名门望族，凡事都得做得有所交代。于是，对于私奔的她，只得无奈地演绎一出无她出场的戏目。宣称她病故，并还像模像样地演了出哭灵、出殡的闹剧。从此，那个叫棠珍的女子随着这幕剧被掩埋。

这世间，再无一个叫蒋棠珍的女孩。而是，被一个叫蒋碧薇的女子取代。

碧薇，是悲鸿为她起的。

这名字，她至爱。晚年回忆录里，她还曾如是追忆道：

“这以后徐先生便私下为我取了一个名字：碧薇。还刻了一对水晶戒指，一只上刻‘悲鸿’，一只镌着‘碧薇’。他把‘碧薇’的戒指整天戴在手上，有人问他这是什么意思，他便得意地答，‘这是我未来太太的名字’。人家追问他未来的太太是谁，他只神秘地笑笑。”

爱情里的美好，就是这般吧。

日本的生活，并不惬意，更多的是清贫。不过，有爱情的滋润，两人还是过得郎情妾意。那时，悲鸿到了日本后，疯狂地迷恋上日本的仿制原画，并且见到喜欢的必然会入手。而他们身上带来的仅仅两千元，尽管极度省着了，却还是不到半年就花光了。

爱里的支持，是强大的。在贫困潦倒之际，碧薇不得不回到老家去求父母。心疼女儿的两位老人，便也就接纳了悲鸿。

为爱，碧薇是舍弃一切来容纳悲鸿。

不久，在康有为的帮助下，他们又得以远航，到法国留学。悲鸿进入了法国最高国立艺术学校，碧薇则进了法语学校。只是，人生地不熟，加之语言的障碍，使得他们一时难以融入当地的生活。那段生活，也是他们人生里最为清苦的一段。不过，两个人之间的感情却是最为融洽的。

或许，人们所说的可共患难的，未曾可以共享荣华。

碧薇那时，为了给他买一块怀表，偷偷地将饭钱省下来；碰见了一件喜欢的风衣，却在路过那家商场无数次后，仍没舍得买下。甚至有那么一段时日，他们两人几乎断了食粮。他们互相拥抱着，没有饭吃，只互相用体温为对方取暖。可以说，碧薇陪着悲鸿在巴黎停驻的九年，是至为艰苦的一段严冬。

不过，终于全过去了。

苦尽甘来，他们还是得到回报。

走的时候，悲鸿一文不名；回来的时候，悲鸿事业有成。

1927年12月，他们的儿子出生。后来不久，他们还在南京买了房子。他们一个在家专心抚养孩子，一个辛苦去大学授课，一家人可谓其乐融融。

只是，时日久长里，两个熟稔的人，会生出厌来。尤其是夫妻。

碧薇和悲鸿便如此。

那时，孩子渐渐大了。她为消除寂寞，便仿照法国的沙龙，在家举办了一些舞会。悲鸿，对这却是不喜的，他一回来就直奔画室，如同躲避什么瘟疫一般。渐渐地，他们之间缺失了一种绵密的连接。

所谓，爱人间的裂痕，也就在他们中间蔓延开来。

※

人说大凡艺术家，都有一颗敏感的、活跃的心灵。而这颗活跃的、时时处在骚动状态下的心，正是艺术创作不可或缺的源泉。

这言说，用在悲鸿身上亦适用。

在法国留学期间，悲鸿没有钱请模特，于是就将碧薇作为自己的模特进行创作。《琴课》、《箫声》里都留下了碧薇娇俏的身影。然而，事业有成之后，善于交际的碧薇渐渐迷失在他的心底，他已然再找不到热恋碧薇时的感觉了。此际，他需要的是一把烈焰，重新燃起他心中的艺术火种。

不久，他找到了。那就是在中央大学旁听他讲课的孙多慈。

年轻的孙多慈，生得冰清玉洁，加上有一定的绘画天赋，配以她独有的少女的清新纯真，一下子就俘获了悲鸿的心。

于是乎，悲鸿的笔下渐渐多了一些描绘孙多慈的素描和油画。

画家的爱情，亦来得快。很快，他便爱上了孙多慈。孙多慈赠他红豆，他便镶金做成戒指，并在其上刻“慈悲”二字。手上的戒指，于十年间的流转中，被换成了写着“慈悲”二字的那个。“碧薇”二字，就随着那旧了的戒指，堙没败于流年之中。

镌刻着“慈悲”二字的戒指，终究是碍眼堵心的。

碧薇亦从中察觉到感情的危机，家庭的破碎。她有过一段痛苦不堪的挣扎岁月，然而当她走进悲鸿在中央艺术系的画室，看到那幅《台城月夜》之后，她的自我防线决堤。于是，她立马横刀捍卫起自己的婚姻。她疯狂地拔掉多慈送的枫树苗，并写信给相关部门，搅黄了悲鸿一心促使的孙多慈的官费留学机会。

她，是撒了泼。为了爱情。

然而，爱若是不在了，任你千般纠缠泼闹，终究还是留不住的。

悲鸿的疏远，给了这样的诠释一个铁证的注脚。

他，愤然将公馆命名为“危巢”，将画室命名为“无枫堂”，并远避到桂林。

后来，在贵阳他更是在《中央日报》刊登了如下启事：“悲鸿与蒋碧薇女士因意志不合，断绝同居关系已历八年。破镜已难重圆，此后悲鸿一切与蒋女士毫不相涉，兹恐社会未尽深知，特此声明。”

※

爱里的伤害，往往是最深的。似尖刀，似利剑。痛戳人心。

寥寥“同居”二字，就残忍地将所有的过往甜蜜美好给予抹杀。她，断然是不可隐忍的。敢于私奔的女子，有几个不是性情刚烈的。于是，她愤起反驳，并将悲鸿这启事镶于镜框之中，置于客厅最显著位置处，命名为“蒋碧薇右铭”以示警言。

她，亦端的要跟他势不两立，恩断义绝。

她，把悲鸿送父亲葬礼的奠仪一概退回。

当悲鸿与孙多慈因为孙家阻力的缘由分手后，试图与碧薇修好时，她冷冷地回绝道：“今天你要是自己醒悟，因为割舍不下对我和孩子的感情而要求回来，那还可以考虑；如果是因为孙也不要你，你退而求其次回来，那是绝无可能。”

干脆的女子，才会处理得这般不拖泥带水。

事实上，离婚时，她更显现了她这一面。她向他索要现金一百万元，古画四十幅，本人作品一百幅，另外，还要徐悲鸿将自己每月收入的一半交付出作为子女的抚养费。

或许是愧疚颇深，悲鸿对于这近乎苛刻的要求，悉数接受。

面对爱里的背叛，碧薇真真做得彻底、独立、决绝，一承她“高山巨瀑”的性格做派。清醒，而不做怨妇；爱憎亦分明。当爱失效无望时，她毅然将对悲鸿的视角，转换为俯视。

他，再不是自己的什么人。

离婚的当晚，她更是随性地去打了一晚上的麻将。

是解脱，抑或是释然。

※

碧薇晚年回忆录的末尾中如是写道：

“从此我以离婚时徐先生给我的画换钱为生，一直到现在，我没有向任何人借过钱，也不曾用过任何一个人的钱。”持钱，彰显着骄傲的她，是早已将心底的情之贪念撇清，如此才做到心如止水，银情两清地撇开悲鸿，与一个叫张道藩的男子开启了另一份爱情之旅。

他们，早在留学欧洲时即已相识。

那时，碧薇要做女人，而悲鸿却冷落了她。苦恼之余，所幸有张道藩给予的关怀。不过，最后她还是拒绝了他的求爱。一番失望至极中，张道藩和一位名叫苏珊的法国姑娘结了婚。可是，情缘难了。注定要在爱里纠缠的两个人，即使曾经走得再远，也还是有交集的时刻。

三年后，他们又重逢在国内。

1937 年，在他们相爱十一年后，终于有了第一次肌肤之亲。从此后，二十年间，他们通信两千余封。情意绵延，全然都在笔墨之间。无论是在异地，还是同居一楼，唯笔墨才能倾诉衷肠。

可惜，这爱意缠绵，见不了光，做不了光明正大。

于是，便有了短，有了残缺的遗憾。

1945 年，碧薇正式和悲鸿离婚。道藩的太太苏珊便要求张与碧薇断绝关系，否则，会以离婚相逼。然而，张道藩一面决断不了与碧薇的关系，又因国民党中央常委、中宣部长的身份也不敢离婚。

要一个迟暮的碧薇，还是要名利、地位，这个政客显然心如明镜。

碧薇，是曾有了失落的，妾身未明时因他的温柔呵护，她可以原谅一切地和他缠绵纠结不清。而如今，春梦乍醒，那句“等你六十岁，就和她离婚，来娶我吧”的话语，如今因为岁月的缘由干巴得如同一枝枯萎的柳条，找不出任何绿意及水盈盈。

于是，强硬若她，毫不嘴软地说道：“基于种种的因素，我决计促成他的家庭团圆。”

她留下一封信，给张道藩，让他接回苏珊，自己则去了南洋。当她从南洋归来时，张道藩已然搬出了他们共同生活了十年的住所。

1958年，他们俩，暂时分了手。从此后，也再没有走到一起。

十年相依，一朝分袂。最令人佩服的还是碧薇，她已深知迟暮中大势已去，倒不如咬紧牙关潇洒退出来得明智。这种决绝的快刀剪乱麻式的干净利落，不是谁人都能做到的。更何况，此际她已然六十岁，子女也都和她决绝，凄凉的晚景即在眼前。如何做到决绝，又如何做到无一丝的恨意，这世间女子也唯有她蒋碧薇一人吧。

她，给张道藩写了一封情真意切的信，并诚挚地感谢他几十年对自己的一片情深。掩卷感叹，唯碧薇可如此。

与张道藩分手六年后，她便冷然地将自己的一生，所爱、所为、所思，悉数写进回忆录里。近五十万字的回忆录，上篇取名为《我与悲鸿》，下篇取名为《我与道藩》。

1968年，张道藩病重于台北三军总医院，她听闻后，去送了他。

之后，她的暮年生活几于平静。

两岸隔绝，她再未曾与自己的亲人相见过。

1978年，她在台北孤独离世。

温暖你

有人说，中国的历史不过八个字：帝王将相，才子佳人。

这，恰恰是一出浓墨重彩的戏剧。

戏里面说，张生和崔莺莺最终喜结良缘！

可是，有谁知洒脱如卓文君也曾遭遇过婚姻的保卫战！

而她蒋碧薇，曾被人说成是徐悲鸿早亡的最大原因，亦因此被人说成是毒辣的女人。

然而，世人可见，她不过是个懂得如何获取幸福生活的逆袭者而已，委曲求全不是她的性格，活出自己才是她的选择。

是女子，如此，未曾有什么不好。男子一旦忘情负义起来，给的伤害是比海都深的。坚强地寻求自己能获得的幸福，活出自我，才是最恰当的人生。

# 倾谈㈡吕碧城

## 特立独行过一生

读一本书，爱一个人，过一生。

世间得有多少女子，都终其所有追求这爱的最佳境地。

只是，即便人生真的删繁就简了，也还是存在着那芜杂的诱惑。

为爱活一生的女子，多是一心一意地，活出一朵孤绝的花来。

就比如，惊才艳绝的吕碧城。

为了真爱，孤绝一生。终究活成了一世落花。

不过，于我看来——

摘叶飞花，都成意境。

有意无意，都是人生。

吕碧城非同凡响的一生，亦如镜中花，如水中月艳绝于人。

亦活得那般地惊动世事，令后来女子们个个艳羡不止。

# 导语

读一本书，爱一个人，过一生。

多年前，看到过的句子，当时即怦然心动。此字句间散发着的宁静之美，彰显着寂寞的力量，仿佛人生就能删繁就简，摒弃芜杂的诱惑一般，可一心一意地，开出一朵孤绝的花来。

如今想来，不过是一个漂亮的句子罢了。思量来，有谁能够真的只跟一本书天长地久？就算这一言辞只是为了渲染那意境，终只在那“爱一个人，过一生”上，也还是不现实得很。造化弄人先不说，只问问自己的心，这尘世间有谁真的可笃定地说做得了自己的主呢？

红尘有爱，谁不是爱了一场又一场。亦每次都以为，这一次总该不一样了吧，总该和某个人终成眷属，神仙眷侣地过一生了。

谁知待到时过境迁，终还是发现不过又经了一遭人生长剧里的一个小小插曲，沾染了高潮的部分，却仍还不是人生的整料，而依然是那零敲碎打。

沮丧，却也只能这样。

如是说来——能够用一生的时光，以高调彩衣大触世目成就一世孤绝爱意的吕碧城，绝然是留给世人崇拜的。所谓女子风度，即是她这般。从这个角度来说，我是至为崇拜她这个一生不同凡响、特立独行的女子的。

※

由来，在中国的历史上，魏晋的男人，民国的女子，皆是活得最有风度的人。

而民国女子里，那个最特立独行，才情异绝，以高调彩衣大触世目的吕碧城，最是入我心头的。由来孤傲的张爱玲，是极少来盛赞一个女子的。同为女子，她自是有着独有的傲骨，嘴上甚少提及不说，更是惜墨来呈现。可是，唯有碧城，她如是用她的一支天然妙笔写道：“中国人不太赞成太触目的女人，早在万马齐喑究可哀的满清，却有一位才女高调彩衣大触世目。便是吕碧城。”

确实，在清末民初那个特殊年代，她这“彩衣”的背后，亦是要弹落多少忌恨的眼珠。还好，她是生来强劲傲骨侠义的女子，端的凭着一世文采硬是将那一身“彩衣”，穿出了飞扬的才气与雍容里的霸气。

百年前，她以文辞彰显于世，在清末民初的年代风雅独步、叱咤风云，横披文学、政治二界。是为，一时“绛帷独拥人争羡，到处咸推吕碧城”[①]。

素来，中国诗坛盛产才女，比如鱼玄机、薛涛，然而能若碧城这般“巾帼英雄，如天马行空，即论十许年来，以一弱女子自立于社会，手散万金而不措意，笔扫千人而不自矜，此老人所深佩者也”[②]。她们中，绝无一人。

也是，世间唯她一人，可这般特立独行地过一生。

龚自珍亦曾有诗如此：“十年千里，风痕雨点阑斑里，莫怪怜他，身世依然是落花”，来形容她“广闻博学，才情秀拔，小令远绍南唐，得力后主，多以单纯明净、准确。而长调步武清真，直薄北宋境界。龙愉生有誉为近三百年来名家词中之殿军”。今次看来，真真是贴切至极的。

碧城的诗词，极美。读来有一股绝美超然的情愫袭上心头，一如她的名字——碧城，有的全然是仙人之城阙，超脱于红尘雾霭，只遥思那片无垠的辽远壮美。

是如此，在碧城的诗词中，有一种超越世俗的激情和可识见

---

① 这是慈禧太后的宫廷女画师缪嘉蕙读过吕碧城所著之《信芳集》后题写的赞词。——编者注

② 这是诗人樊增祥在1925年致吕碧城的一则手书中对她的称赞之词。——编者注

融入丰饶瑰丽的意象，创造出雄伟阔大、奇妙多姿的审美境界。

碧城的诗词之美，亦是被大家印证赞誉不已的。尤其是诗，“香港第一才子”陶杰曾如是写道：“并非首首闺秀纤巧，而是烙印了时代的烽烟。手笔婉约，别见雄奇，敏感玲珑，却又暗蓄孤愤。”

而我，在每每阅读碧城的诗时，都会于依稀仿佛间，看到她在时光的荒野与那历史的洪流中渐行渐近。光影流转里，我亦仿佛见到一个“不是和羹劳素手，哪知香国有奇才”[①]的婉转女子，她带着那么一丝朦胧冷艳的唯美意蕴，若流星般划过夜空飘然而至。

是那般地，让人目眩神往。

※

碧城，生于清光绪九年（1883年）。

系安徽旌德人，翰苑世家，家有藏书三万卷。

其父吕凤岐，光绪三年丁丑科进士，与诗人樊增祥（樊山）同年，历任国史馆协修，玉牒馆纂修，后任江西学政。母严士瑜，亦通文墨，工诗文。姐妹四人，长清扬，字蕙如，后任南京两江女子师范校长；次美荪，字眉生，后任奉天女子师范校长；碧城行三。三人皆以诗文名世，有“淮南三吕，天下知名”之称。幼

① 出自吕碧城诗词《邓尉探梅十首》其三：山河无恙销兵气，霖雨同功泽九垓。不是和羹劳素手，哪知香国有奇才。——编者注

妹坤秀，亦工诗文，后任厦门女子师范国文教师。

自小，碧城于姐妹中就尤为慧秀多才，比如工诗文，善丹青，能治印，并娴音律。

追溯时光，且看到一个十二岁，不过一个少女“含苞”之龄的碧城，在诗词书画的造诣竟已颇为可观，时人赞其曰“自幼即有才藻名，善属文，工诗画，词尤著名于世。每有词作问世，远近争相传颂”。

曾有一次，有着“才子”美誉的樊增祥，读罢碧城的一首“绿蚁浮春，玉龙回雪，谁识隐娘微旨？夜雨谈兵，春风说剑，冲天美人虹起。把无限时恨，都消樽里。君知未？是天生粉荆脂聂，试凌波微步寒生易水。浸把木兰花，错认作等闲红紫。辽海功名，恨不到青闺儿女，剩一腔豪兴，写入丹青闲寄。”不禁拍案惊绝，断不信这年方十二之少女竟能写出如此荡气回肠之诗作来。

她的才情，实则就是这般艳绝的。

也便如此。年方双十之际，碧城即已凭恃着自身过人的才情成为京津一带颇有名气的闺媛才女。时年，她的文章在报刊上是络绎不绝的，而各种文艺聚会上她的身影亦是常常出现。

不过，这般诸多曝光率的碧城，并不是其令人钦佩着的一面。她令人钦佩着的，原是她才情之外的那颗率真刚直的心性，以及那如横刀立马的气概。那年，《大公报》创刊之际，她即成为其主要的撰稿人之一，在此她连续写着鼓励女子解放与宣传女子教育的文章，比如《论提倡女学之宗旨》、《敬告中国女同胞》、《兴女权贵有坚忍之志》等。写着这样文章的她，如同一颗郁郁葱葱摇曳着的树，使得那个时代的无数女性向往着和倾慕着。

事实上，倘若放到如今，浑身散发着独我正能量的她亦会是被追捧着和仰慕着的。

彼时，那个曾响彻我们耳际的女侠士秋瑾亦与她活在同一个时代及空间。她对比自己小七岁的碧城亦是欣赏有加，并且一见如故，她主编的《中国女报》在上海创刊之际，她曾殷切地邀请碧城为其写下了这样慷慨激昂的发刊词："吾今欲结二万万大团体于一致，通全国女界声息于朝夕，为女界之总机关，使我女子生机活泼，精神奋飞，绝尘而奔，以速进于大光明世界，为醒狮之前驱，为文明之先导，为迷津筏，为暗室灯，使我中国女界中放一光明灿烂之异彩，使全球人种，惊心夺目，拍手而欢呼，无量愿力请以此报始，吾愿与同胞共勉之。"

她们二人，是惺惺相惜，亦同为一类女子。

只是，她们的选择并未曾能同。当年，秋瑾曾力劝过碧城"同渡扶桑，为革命运动。予持世界主义，同情于政体改革，而无满汉之见。交谈结果，彼独进行，予任文字之役。"可惜，碧城的心思里并未曾有秋瑾般的革命热忱。

也还好，若似秋瑾般为革命救国步入英勇就义的尘，便也没有后面那个稳健女性的翘楚了。她们，走的虽不是同一条道，却皆是活出自我的强大女子。

且看碧城，是为创立中国第一所官办女子学校第一人。

那际，袁世凯任直隶总督和北洋大臣时期，为推行教育改革，而奏请慈禧太后废除科举制度，建立新式学堂。恰这时，碧城正为开发民智，维护女权，而积极筹办女学。不久，在天津道尹唐绍仪等官吏的拨款赞助下，“北洋女子公学”正式成立。

那一年，是1904年9月。碧城，仅二十一岁。

两年后，“北洋女子公学”改名“北洋女子师范学堂”。而碧城在这所当时女子的最高学府里一待就是七八年，后提任校长，为我国女性任此高级职务的第一人。

碧城创办女学，成绩是为显著。

她既善于吸取新知识、新思想，形成自己系统的教育理念，又具备很强的活动能力和管理能力，深得袁世凯的赏识。北洋名下学堂数十所，都开设新式课程，聘请的总教习、教习大都是外国人。然像碧城这般年方二十刚出头的女子，被委以重任，让其独当一面的，实属绝无仅有。

1905年3月，英敛之刊印了《吕氏三姐妹集》，在《序》中他称誉碧城“是中国女界‘硕果晨星’式的人物”。

是如此的。接下来的关于她的事迹的认证，全然皆可证实这点。

※

“地转天旋千万劫，人间只此一回逢，当时何似莫匆匆”[①]的憾事，素来是颇多的。

话说，那时袁世凯任临时大总统后，年方二十八岁的碧城便受邀进入新华宫担任大总统的公府机要秘书，后任参政。

然而，民初政坛走马灯似变幻的政局着实让碧城无所适从，后袁世凯妄图复辟封建帝制，碧城自是难谐俗流，看不惯一班趋炎附势之徒的卑鄙行径，她便率性飘然离京南下，奉母隐居上海。

十里洋场的上海，碧城亦是将生活翻转得如鱼得水。

她，涉足商界，从事外贸生意，凭着炫目的背景，良好的人脉，优雅的举止，她的生意做得是风生水起，两三年间便积聚起可观财富，一跃而成为商贾巨富。

这样的碧城，竟从骨子里沿袭出一份上海女子的精明干练来。

都说上海女子自恃极高，这话恐不是虚言，却未必真是趾高气扬，眼里揉不得沙子的清绝孤高，而是多少带着些孤芳自赏的情愫。这情愫不是造作矫揉成的，是经由着岁月时光雕琢蔓延开来的，像是吸着日月精华取天地之气幻化成的人精，早已是脱胎换骨般的涅槃。

碧城，更是涅槃中的涅槃。

---

① 出自吕碧城的诗词《浣溪沙》。这首词是吕碧城用来纪念一段一见钟情的爱情。当年她在公共汽车上遇到一个美少年，双方相互注盼，最终未通姓名。车辆到站，就此别离。——编者注

上海时期的碧城，是奢华的、物质的。然而，奢靡充裕的物质生活完全不能够让她就此沉溺其中，像是爱因斯坦说过“人们努力追求的庸俗的目标、财产、虚荣、奢侈的生活，我总觉得都是可鄙的”，她的内心也有着这样一个声音在提醒。此番，皆是因为她始终对苍生抱着如森村诚一所言的“幸福越与人共享，它的价值越增加”般的济世关怀，让她对慈善公益事业尤其热衷。

《旌德县志》便有如是记载：吕碧城“疏财仗义，乐善好施。出国留学前，从在沪经商盈利中提取十万巨金捐赠红十字会……”。

不过，没了真正施展济世关怀舞台的碧城，内心是怅然的。

她曾反复吟诵着女词人李清照的“物是人非事事休，欲语泪先流”，作下了一阕《汨罗怨·过旧都作》：

翠拱屏峰，红逦宫墙，犹见旧时天府。伤心麦秀，过眼沧桑，消得客车延伫。认斜阳，门巷乌衣，匆匆几番来去？输与寒鸦，占取垂杨终古。

闲话南朝往事，谁踵清游，采香残步，汉宫传蜡，秦镜荧星，一例浓华无据？但江城、零乱歌弦，哀入黄陵风雨。还怕说、花落新亭，鹧鸪啼苦。

浮华如梦，沧桑过眼。这一阕《汨罗怨·过旧都作》，道不尽她心中无限的怅然和无奈，是对过往的追忆，亦是对人生的感悟。

因而，“以一弱女子自立于社会”的碧城，为开拓眼界与胸襟，实现自己的“世界主义”，便依着自己个人的力量远渡重洋游学到欧美。

这样的碧城，令人钦佩亦是可爱的。

自费进入美国哥伦比亚大学研习美术、进修英语并兼任《上海时报》特约记者的碧城，住进了纽约最豪华的旅店。此地的房租之高，令西方人下榻时也多不会超过七天，而她一住却是六个月。这着实惊动了当地的富豪达官的夫人们，她们争相与其定交，各种隆重宴会亦都不忘邀请。

只是，这些俗世里的献媚奉承，断是入不了她眼的。她爱的，仍只是她心尖那高远的境地追求。于是，在那些周游欧美时期的日子里，她做得最多的是以诗文记述。每游一地，绝会记录。《晓珠词》第二卷，收录的便全都是她周游欧美，特别是旅居瑞士时的词作，所咏内容即如“登阿尔伯士山”、“日内瓦之铁网桥”、“巴黎铁塔”、“拿坡里火山”、“大风雪中渡英海峡”等。描述这一类异域风光，不仅前人未有，近现代词坛也不多见，况且她碧城想象奇特、境界高远。

寄情山水间，寓志文字里，闲适散淡地随性生活，碧城似乎对人性有了更多的参悟。

也是。早年间，她亦曾请天台教观四十三世传人谛闲法师开示引导，谛闲曰：“欠债当还，还了便没事了；既知道还债辛苦，以后切不可再欠。”更于1930年，碧城正式皈依佛门，法名曼智。

从此，一代民国才女开始了她青灯黄卷中的寂寞历练。

不过，这绝不是生得姿容娴雅清丽、眉眼皆能入画的吕碧城的终照。

人说，“女子无才便是德”，说得亦是入心入骨的。女子无才自是甘于相夫教子、持家度日的，一生可过得乐和安然；然女子若是有才有貌，却终是不甘寂寞人前、泪洒人后的，便是投身做了道姑隐身道观，可又有几人甘心肯将那如花之容、如锦之才就此尘封，一世青灯古佛了此残身的?

也是，再是清绝孤傲的奇情女子，一生便也总要将一颗芳心安放在一个男子手里的。

她，情绝傲骨的吕碧城端的亦如是。

※

碧城的才情、容貌，自是当时女子少能及的。

加之，她独有的穿衣风格，开阔的交际，使得频频在跳舞场、文艺沙龙上的她跃然成为一只华丽傲娇的孔雀。人前，可肆意招摇。人后，是男人眼里的“惊才绝艳”，女人眼里虽忌妒却心仪的“风致娟然”。

真真正正，是活成了“人中之凤”。

可惜“才高人畸零”。

她一生交往的人里，不乏才子高官与巨贾，然却“生平可称之男子不多”。只是，千帆过尽皆不是。终究，还是成了民国第一剩女。

人说，“剩女，自古以来，皆学而优则剩。或许是皆爱情燃点过高，心灵高空便不曾有过火树银花不夜天的繁华绽放。”

她，惊才艳绝的碧城，亦是如此。

关于红尘情爱，碧城是深谙过其苦痛的。且，是甚小便已经历过的。

九岁，因着媒妁之言，她被议婚于同邑汪氏，却因着家庭的变故，而得来耻辱。那一年，她十二岁，父因故不幸弃世，更雪上加霜的是，不久族人开始觊觎其家财产，竟还无耻地唆使匪徒将其母严氏给强行幽禁。

所幸，碧城不愧为生来的女中豪杰。十二岁的小小年纪里，竟有着七尺男儿般的胆识，她火速以年家侄女的身份向时任江苏布政使的父亲的好友樊增祥求助。未几，母亲真的由此脱险。只是，未曾想到的是，会因此遭到婆家的看低。他们以其小小年纪便可遇事“翻云覆雨”未免日后家训难严为由，而提出了退婚。

面对如此刁难，经此一劫又一劫的吕家自是门祚衰微，无力反对的。于此，碧城母女便因着势单力孤而只求得全，而忍了这欺辱。

话说，在她的那个年代里，女子被退婚，是为一件奇耻大辱的事。

因而这份耻辱，让小小的碧城感应到了世态炎凉、苦风凄雨，并在心底深处狠狠地烙下了铭心刻骨的印记。且这烙下去的印，终生再未曾消失减淡过。

只是，恨归恨，即便恨意比天高比海深，也跟爱无关的，也无法阻挡得了爱的靠近。

所以，在那一天，一个他便无声无息地走进了她的世界。

遂，想起那个烟视媚行的初见子安的鱼玄机来。应在初见子安时，也生了碧城这般的心欢喜吧。生得眉眼生风，身如玉树的子安，虽是官宦胄室之家的子弟，言谈举止间却无半点的骄矜恃贵之气，加之他又对她的才情姿容景仰倾慕深久。于是乎，她鱼玄机那颗本已冰封的心便被化成柔然的水流了，终日潺潺地为他一人而愉悦地流。

只可惜，他们没有在对的时间相遇。他子安原是有妻室的，在获悉他们的情爱之后，子安之妻自是少不了三番五次地闹上一番。于是，爱着她的他，不忍她的百般受苦，而出资修葺了长安城郊的“咸宜观”，将其托付于内。临别还一句“且作暂时隐忍，必有重逢之日”，说得自是信誓旦旦，日月可鉴的。然而，却是这一去便是三年音讯渺然。自此后，再无那重逢之日了。

如是，心若死灰的玄机过上了半娼式的醉生梦死的浮华奢靡的生活。在那一座“咸宜观”里，是日间大开诗文饮宴之局，夜间则与钟情的男子同寝。生活之奢靡，瞬间使得她长安才女鱼玄机的艳名大起，且引得四方文人雅士、王孙显贵趋之若鹜。然，她心里始终只记挂着他一人，身子虽迎来送往，那颗奴家女儿心却是风生水起里无一丝波澜被掀起的。因她，只记得和他的欢愉。

鱼玄机和子安的世事，让人看完不免伤悲唏嘘一番。

回头看碧城和他的过往，也是会生出玄机和子安他们那般伤悲唏嘘的感怀的。想她的那颗破碎过的心，曾在他的细致温存下，竟神奇地愈合不见任何尘垢伤痕。而她渐渐地，亦生了雀跃的心，在他面前会率真地袒露着心声和久久无法释怀的过往。而他，始终在默默地聆听着，专注得不曾离去半步，一点一滴悉数都为她珍藏着。

是这样美好的过往。

可惜，有缘无分。

再美好的过往，也只是过往。她和他终还是落入了那俗气的窠臼。

1920 年迫于政治情势，碧城不得不黯然出国，这一段良缘就此也没了下文。

她和他的那段缠绵过往，终没能逃过玄机和子安的那不得已分开的命运。

不过，我知道，她心里会始终记得，在上海居住的那些时日里，年方三十的她向儒雅的他学道，并互述绵密心意。

亦始终会记得，他的名字叫陈撄宁。

此后，碧城与袁家二公子“寒云公子”有了交往，早在吕碧城任职新华宫时，袁克文就爱上她这位比自己年长七岁的才女。

彼时，碧城曾有一部词集《晓珠集》闻名于世，袁二公子极为欣赏，还作词写文传于碧城。而碧城亦早闻袁克文颇有才名，今见其诗词情致遂心有所感。加之两人同在京城，便有了时相过从的机会。

那时节，碧城会常常参加袁克文主持的北海诗酒之会，与京内名士唱和酬酢。碧城去沪后，两人间的书信依旧往来不断。及至袁克文十年后定居天津，两人还有诗词酬答。

谈及这段没有结果的交往，碧城只淡淡地一笑道：“袁属公子哥儿，只许在欢场中偎红依翠耳。”

好个醒世高洁、深谙世事的吕碧城，爱之顿悟是这般的清雅明了。

许多人对吕碧城的婚姻十分关心，所谓女大当嫁，总得有个“归属”。对此，吕碧城却另有自己的见解。她只是，想要一个可以唱和的诗心而已，然，却不可得，便只能如若干年前的《诗经》一般，自顾自地流淌着伤悲。

不过，男欢女爱之事，本就是“当事者自不可轻率为之，旁观者更不必妄加议论”的。她碧城这种“宁为玉碎，不为瓦全”的爱之标准，未尝不是一种至高的境界！

1943 年 1 月 24 日，六十一岁的吕碧城病逝于香港。

她将全部财产二十余万港元布施于佛寺并留下遗嘱：“遗体火化，把骨灰和入面粉为小丸，抛入海中，供鱼吞食。”

## 温暖你

“世事短如春梦，人情薄似秋云。不须计较苦劳心，万事原来有命。幸遇三杯酒好，况逢一朵花新。片时欢笑且相亲、明日阴晴未定。”[①]

我想，世间女子都应像她碧城这般将北宋朱敦儒的这句至理名言烂熟于胸才是的。

话说，“花瓣锦囊收，抛葬清流。人间无地好埋忧”[②]，一字一句，一扬一顿，摘叶飞花，都成意境。

“花有爱，水无恨，万般烦忧风飘去，独留芬芳泽后世”，一颦一念，一去一留，有意无意，皆是人生。

做女子，就当若碧城一般，拥有最强大的韧性，即使再泥泞也能生存，哪怕全世界都被推翻，全世界都混乱，全世界都将其遗忘，都可是一株向阳的、矢志不渝坚信着自己的向日葵！始终，以自己喜欢的方式过一生。

---

① 出自宋·朱敦儒《西江月·世事短如春梦》。表现了词人暮年对世情的一种彻悟，流露出一种闲适旷远的风致。——编者注

② 出自吕碧城《晓珠词》《浪淘沙三首·藓绿蚀吴钩》。——编者注

# 倾谈㊂王映霞

## 倾尽所有做自己

睿智若她。

爱恨纠缠里，她进退自如，

所以，她的爱情不受伤。

清醒若她。

始终知道自己要什么，哪怕倾尽所有，

也要过自己想要的生活的样子。

细想，一个女子的人生都当应如此自我地把握自己的命运，

而不是一任盲从地交付给哪个男人。

如此，才可若她王映霞一样获得人生的圆满。

## 导语

工夫就是时间，能磨砺出女人最动人的光华。

这是一个时尚女性杂志在采访章子怡时，写下的话语。一看下，竟有了深的惊动，遂想起那个擎着“荸荠白”艳光四射的杭州第一美女王映霞来。她们都是从一张白纸，继而在生活里被添加上愈来愈多的浓墨与重彩。

不同的是，子怡于电影内外的戏梦人生里，独步地击出胜利的一掌，光华于人。映霞则是在爱情的内外缠绵曲折里，渐渐走出自己胜利的一步，艳绝在人前。然，所经的都是人间的事，所跃然于人的，皆是自我的傲然的人生。

她们，都有本事将全世界的恶意狠狠地抛在脑后，以自己的方式过自己想要的生活，哪怕倾尽所有，定得仍要该干吗干吗，没那么多顾虑。

做自己，最重要。

她们这样的女子，都谨言于心。

怪不得，许多人说，章子怡现在的一切，皆是她自己拿回来的。反观，映霞的一生，何尝不是。

※

上海，乃为一座包容的城。

所以，才有了尚贤坊那样一条里弄在喧闹的市中心，理直气壮地坦露着自己不甚光鲜的过往：年久失修的楼房，断壁残垣的窗户，腐烂霉变的墙壁，幽暗细窄的楼梯，以及摇摇欲坠生了油腻的黄灯，都在诉说了一个历史下经历万千的过往。

就是在这条弄堂里，于 20 世纪 40 年代曾上演过一段惊动世人的“玫瑰事件”，并且在现今那“玫瑰”的馨香还残留飘浮着。

“玫瑰事件”的主角，是两位响当当的人物。一个是那“生怕情多累美人”的江南才子，一个是为那“红袖添香夜读书”的杭州第一美人王映霞。

他们二人的那桩子风月情事的起端，就是发生在这条尚贤坊弄堂里。

那时，映霞因为避难从温州来到上海孙百刚亭子间暂住。孙百刚则住在尚贤坊一座石库门房子的前楼。他是好交友的人，府上经常是高朋满座。孙百刚，乃是王家的世交，对映霞是照顾有加。

那日，寓居于上海的郁达夫洗了个澡，换上远在北平的妻子孙荃刚刚寄给他的皮袍子，兴致高昂地赶往位于法租界的尚贤坊，来拜访孙百刚。之前曾于上海内山书店遇见了这位昔日留日的同窗，想到自日本一别数年后，这次难得的相聚，重逢的喜悦冲散了郁达夫几日来的阴郁情绪。

生活，多的是遇见。爱情，也多于遇见中生。

看郁达夫和王映霞的那一次遇见遂生的爱情，即可得以印证。

郁达夫，是万万没想到这次拜访，带给自己是这样大的惊喜。只记得，他初见她时，她迎来一双“明眸如水，一泓秋波”的眸子，当下即一瞥惊鸿，惊为天人，便自此乱了那七尺男儿的心扉。

也是，那日的映霞实在是惹人艳绝的。只见她着一身织锦旗袍，身姿窈窕，曲线玲珑，面庞明艳，端的是让人乱了心扉的。他郁达夫，则是在隆冬额头上竟冒出了汗珠来的一脸昭然若揭的窘迫。

生于山水旖旎的西子湖畔的映霞，确是明艳照人，秀外慧中的，一袭肌肤雪艳，双眸若秋水做舵，脸庞如粉妆玉琢。真真是，西湖水孕育出的美人，一身潋滟风情，尽得西湖水绮丽灵秀之气；

一颦一笑，不啻就是西子湖水光山色的缩影。这样的美女，是任谁都抵抗不了地被深深吸引。

郁达夫，是一见了她便忘了此行的初衷，是一颗心只为伊人顾盼，因而在当夜的日记里他如是写道：“我的心被映霞搅乱了，南风大，天气却温和，月明风暖，我真想煞了映霞，不知她是否也在想我，此事当竭力进行，求得和她做一个永久的朋友。”

爱情，是一种遇见。

他郁达夫，遇见了自己的爱情；只是映霞是否也能若他一般感受到爱情散发的余味呢？

且说，她初见他，心亦是起了少女情怀的涟漪的。那际，她已然读过他早期的代表作《沉沦》，对他的才华亦是仰慕倾加的。不过，她是谨言慎行的女子，亦是洁身自好的女子，知晓他已是使君有妇，是那家有贤妻身为人父的而立青年；而她自己亦有着婚约在身，是为那已定媒妁正当妙龄的闺阁待嫁女娘。

由此，她自是内省着，不动声色，一切只任心海洪涛。

逃难之前，毕业于浙江师范学院的她，是按着省府教育厅的分配，远赴浙南，任职温州第十中学附小教师的新女性。只可惜，没多久一场战事的临近，迫使她逃难投奔于王家的世交孙百刚处。

在一片兵荒马乱、鼙鼓频催声中，她是只念着能护她爱她于乱世的良人在哪里？

才情的郁达夫，是能入她眼的男子，因他既不是一个满腹经纶但却无隔宿之粮的士人，亦非纨绔子弟或脑满肠肥的阔佬。看似，是可托付终身的良人的。

因而，她虽端着一颗奴家娇羞内藏的心，却是将一波多情的爱的泓水洒向了他。

就即，在那一丛冬夜里，爱火燃烧着的两颗纤细颤微的灵魂，是于一会儿的时间里交融在一起了。

彼时，郁达夫三十一岁。映霞，二十岁。

※

映霞，原是要放了这爱的。

因她知道郁达夫心里，仍是放不下那结发之妻的。要她将就那妾的身份，断然是过不了她那颗受过新式教育之现代女性的心的。于是，她决定在爱火还未燃烧至焚心似火的当儿，熄灭了它。

只是，爱情里的事，想是一回事，做又是另一回事。尤其是决断之事。即便是狠下心来，做决定时亦免不了犹豫不决的。映霞，亦是这般。因而，她开始陷入一种难解脱的苦闷之中，想着“就这样天昏地暗地整天同郁达夫腻在一起鬼混，吃吃喝喝，玩玩乐乐，终究不是办法。情感已然白热化了，再进展下去，势必要赔上自己的身体与清白了”。不免，有些懊恼起这段爱情来。

孙百刚，亦曾劝她回避郁达夫，以让他及早死心。不过，映霞却是不忍的，说道：“倘若断然拒绝他，结果非但不能解除他的烦恼，也许会招来意外。”爱情似这般的，哪是你说断就能断，说了就能了的。不然，世间就不会有那么多的爱恨纠缠之事了。就如莎士比亚说的那般幡然醒悟：“爱和炭相同，烧起来，没法叫它冷却。”

可是，爱意渐深渐浓，决断之事更是成了难办之事。映霞知，若不冷静下，好好深思下接下来如何继续下去，将真的会无以为继。于是，她终于决定先返回杭州，以便好好冷静地仔细思量一番。

很快，家庭的温暖，使得映霞暂时忘却了上海的爱之烦恼。

可惜苦煞了郁达夫。在见不到映霞的日子，郁达夫若那断线的风筝，终日飘飘荡荡，无以所依。很快，他就病了，夜间咳嗽得厉害的当儿，他便起身给映霞写信：“第一我们的年龄相差太远，相互的感情是当然不能发生的；第二我自己的丰采不扬，这是我平生最大的恨事，不能引起你内部的燃烧；第三我的羽毛不丰，没有千万的家财，没有盖世的声誉，所以不能使你五体投地地接受我的催眠和暗示。”信末并说：“这一回的事情，完全是我不好，完全是我一个人自不量力瞎闯的结果。我这一封信，可以证明你的清白，证明你的高尚，你不过是一个被难者，一个被疯狗咬了的人。你对我本来并没有什么好恶之感，并没有男女私情的；万一你要证明你的清白，证明你的高尚，有将这一封信发表的必要的时候，我也没有什么反对的抗议。”

郁达夫，真真是个不折不扣的欲擒故纵的爱情高手。

往事历历在目，映霞的那一颗为着他的爱情之心，自是抵抗不了，开始为他动摇起来。

接着，高手的郁达夫又去信："你情愿做一个家庭的奴隶吗？你还是情愿做一个自由的女王？你的生活尽可以独立，你的自由，绝不应该就这样的轻轻抛弃……"

是女子，都无法不为其所动吧！

更何况，他绝然是个十足的情圣。

为了爱情，为了映霞，他亲赴富阳，求得映霞家人的谅解与同意。趁着苍茫的暮色，来到位于金刚寺巷七号的王家的他，惴惴不安，唯恐遭到冷遇，心想："倘若被赶了出来，也好借暮色的掩护，而不至于过分难堪。"

总算功夫不负有心人，他这一切的种种努力，终于冲破了家庭、社会的重重阻碍。

映霞，终于答应了他的求婚。

只是，郁达夫的发妻孙荃仍是个心底最深的痛。她，真的无法无视和逾越。婚期，因此一拖再拖，她亦为此哭哭啼啼起来，甚而开始怀疑自己的决定是不是值得。高手郁达夫，见此使出了撒手锏。

他将自己与映霞的恋爱过程，巨细不遗、点点滴滴记载下来的日记，编成《日记九种》于1927年9月由北新书局出版发行。内容新奇大胆，轰动一时，无异于将王映霞的一切赤裸裸地呈现于世人面前，简直是向天下宣示："王映霞这个女人是郁达夫的了！”

终是，有情人成眷属。

1928 年 1 月，郁达夫与王映霞于上海南京路东亚酒楼正式宣布结婚。

同年 2 月，西子湖畔大旅社内一场轰动杭州城的婚礼展现于世人眼前。

南社诗人柳亚子，适时赠诗赞美他们为“富春江上神仙侣”。

时年，郁达夫三十三岁，映霞二十二岁。

※

我爱的李碧华，曾如是凿凿地写过：“婚姻是很简单的一回事。婚姻是蚌和珍珠。一粒沙无意中走进蚌的身体，蚌不断付出它的心血减少痛苦。终于，便产生了一颗完美的珍珠了。”

她亦写过：“世上之所以有矢志不渝的爱情，忠肝义胆的气概，皆因为时间相当短暂，方支撑得了。久病床前无孝子，旷日持久不容易，一切事物之美好在于‘没时间变坏’。”

这是将婚姻与爱情的好与坏，写入骨髓的真切清晰了。

看，婚姻后的映霞和郁达夫，更觉得碧华说得入心入骨。

映霞，是为那该让人百般欣赏品味着的，是要日日细心侍候来不得半点疏忽之怠的。然，他郁达夫虽对她极为疼爱呵护，痴狂爱恋时，亦可以“朝来风色暗高楼，偕隐名山誓白头，好事只愁天妒我，为君先买五湖舟”[1]，却未必能够真懂她的心思。

如是，他们这一对爱意情深的婚姻里的两个人，再是朝朝暮暮亦免不了落入貌合神离的窠臼里了。

映霞，开始在写给郁达夫的信中抱怨：“别人都会在文章中称赞自己的妻子、爱人，只有你，一结婚后便无声无息，就像这世界上已经没有了这个人一样。做你的妻子，倒不如做个被你朋友遗弃了的爱人来得值得，就如徐亦定一样。”

她，已不满郁达夫将爱情视作阶段性产物，此一时也，彼一时也的飘忽之心态了，并在不满中产生了一种挥之不去的幻灭感。

记不得谁说过的，“爱一个人，就是心疼一个人。爱得深了，潜在的父性或母性必然会参加进来。只是迷恋，并不心疼，这样的爱还只停留在感官上，没有深入心窝里，往往不能持久”。想他郁达夫之所以爱映霞，不过是爱上了映霞那“丰肥的体质和澄美的瞳神”，在日久的朝夕相处下，这样的爱又如何能够久长！

也还是有过令人艳羡的幸福生活的。那时他们刚刚新婚，于上海的赫德路嘉禾里的一栋旧式洋楼里，他们过起了隐居般蜜意情浓的生活。郁达夫终日忙于著书、翻译，扛起了家庭生活的重担，映霞则为操持家务忙得不亦乐乎。

二人温馨、甜蜜浪漫的画面，辉映在厨房的灶台前、街边的

---

① 郁达夫致王映霞情诗之一。为赢得王映霞的欢心，郁达夫写了无数的情书和情诗，其中这一首被时人传诵一时。——编者注

饭馆内、温馨的影院中、夕阳下的马车上。

只可惜，好景不长。郁达夫的发妻孙荃从北京寄来信，信中诉说着生活的窘况和思念的哀愁。见信，郁达夫竟是多起情来。回想起半年来自己置妻儿于不顾的种种行为，忆起荃君“仰视百鸟飞，大小必双翔。人事多错迕，与君永相望”[①]的种种痴情，更觉得良心备受谴责，自责到了无地，于是忍不住在日记里写下“心里只在想法子，如何报答我的女人，我可爱又可怜的女奴隶”。

任怎样的女子，看见这样的话语，都会心酸涩不已的。更何况，是深爱着达夫的映霞。

仿似命中注定的劫，1925 年 5 月，郁达夫于广州一连接到孙荃从北平打来的急电，告以儿子患脑膜炎病情危重。于是，郁达夫赶忙奔赴北平，却是五岁的儿子已然离世。孙荃经此打击自是痛不欲生，郁达夫亦是泪眼相向。两人互相慰藉，那一首“生死中年两不堪，生非容易死非甘；剧怜病骨如秋鹤，犹吐青丝学晚蚕”[②]，已是将两人的生命紧密系在一起了。

可是，即便这般，他亦是戒不掉爱映霞。

---

① 出自唐·杜甫《新婚别》一诗。错迕：错杂交迕，就是不如意的意思。全句的意思是说，你看，天上的鸟儿都自由自在地飞翔，不论大的小的，全是成对成双；可人世间不如意的事儿本来就多啊，但愿你和我两地同心，永不相忘！——编者注

② 出自郁达夫《病中作》。郁达夫一生坎坷多难，诗歌清瘦沉郁，流露出对人事的悲苦无奈。——编者注

偏偏这世上的女子有两种，一种赏心，一种悦目。

相比较前一种，郁达夫更是无法抵抗后一种女子。这样的女子，会让他痴迷、发狂、忘却一切，如同一剂毒药，早已使他命悬一线。就如，映霞这般极美的女子。

如此，即便内心备受谴责，即使葬送了家庭、付出了生命，他都是要除了爱她得到她的爱之外，而不选择任何其他的。

只是，爱情哪是你一厢情愿的事儿。

在久长的岁月里，他们之间的裂痕愈发深了起来。

那时，他们已经搬至杭州大学路场官弄的一幢中式楼房中。此际的达夫，已近中年，因而格外希求安定清和的生活。平日里，是深居简出，以读些小诗文娱乐旦夕，间或外出爬山涉水。

无太多共同爱好的映霞，自是不喜这种生活状态。

于是，她开始了自己的交际应酬，常常于“风雨茅庐”中款待宾朋。于是乎，一众达官名流及一些曾在“风雨茅庐”建造过程中出过力的人，名正言顺成了这座幽雅宅院里的常客。他们经常轻车熟路来此饮酒品茗，笑语声喧地消磨掉一个下午或一个黄昏。有时直到夜阑人静，“风雨茅庐”仍是高朋满座，华灯人影，有人就曾谑称“风雨茅庐”简直就是一个高级人士出入的俱乐部。

而平日艳羡映霞美貌的一干男子，为了一睹伊人的璀璨笑靥、优美风姿、迷人的眼神与妖饶的风韵，纷沓而来。有些轻佻的人，甚至在端茶递水或夜阑客散之时，有意无意之间触摸她的玉手，或凑近面颊嗅到她的发香。

在这一票男人中，时任浙江省教育厅厅长许绍棣渐渐成了主角。

他本是郁达夫之友，向来过从密切，然其目的却是仰慕着映霞的如花美貌。郁达夫万万不曾料想，他与映霞花费了半生积蓄辛苦营造的“风雨茅庐”，竟然成为他们爱情的坟墓。

一日，他回到家中，不见映霞，却发现了许绍棣写给映霞情意绵绵的几封信。于是，便断定映霞仿效卓文君与她的“司马相如”私奔了。加之他冲动的性格，便做出了那件令人吃惊的事儿——在《大公报》上刊登“寻人启事”曰：“王映霞女士：鉴乱世男女离合本属寻常，汝与某君之关系及携去之细软衣饰银款项契据等都不成问题，唯汝母及小孩想念甚殷，乞告以地址。郁达夫谨。”

难怪他如是写。因为，在这之前许绍棣对映霞百般殷勤，关于他们之间的暧昧传闻早已烟雨满城。所以，当寻不见映霞时，郁达夫才这般笃定地认为。

其实，则不然。

实际上，映霞只是到了她的朋友曹秉哲的家里。翌日，当她看到那则“寻人启事”时，心内不禁勃然大怒。发誓，若是要她回去，郁达夫必须在大公报上刊登道歉启事。达夫自知理亏，不得不在报上刊登“道歉启事”：“达夫前以神经失常，语言不合，致逼走妻王映霞女士，并在登报寻找启事中，诬指与某君关系及携去细软等事。事后寻思，复经朋友解说，始知全出于误会。兹特登报声明，并深致歉意。”

只是，他们的关系如同破碎的镜子，终难圆于最初。

戏剧大师曹禺说过：“长相知，才能不相疑；不相疑，才能长相知。”

爱情里，若是有了疑，便就没了“长相知”可循。

在后来的日子里，他们之间的隔阂裂痕更是到了无法调和的地步。终于，映霞因不堪他们夫妻关系的愈来愈恶化，一度只身远赴印尼廖内岛的一所学校担任教员。后来，因不习惯岛上的艰苦生活，一学期后又返回新加坡。然而，碎了的爱情，再也无法捡拾。

再后来的后来，郁达夫做的一件事，终于把他们的婚姻推向了坟墓。

1939 年，郁达夫在香港《大风》旬刊上发表著名的《毁家诗纪》，包括有详细注释的十九首诗和一首词。郁达夫公开披露了他与王映霞之间的情感恩怨，并且痛心疾首地指出王映霞在情感上对他的背叛是导致毁家的重要原因。

郁达夫在《毁家诗纪》中对王映霞的报复和责难，震动了文坛。同时，也震动了映霞与他离婚的决心。

1940 年 3 月，他们在新加坡协议离了婚。

由此，他和她。

——转身，爱，已是天涯。

※

碧华，还写过：

没有所谓“矢志不渝”——只因找不到更好的，

没有所谓“难舍难离”——是外界诱惑不够大，

若真大到足够让你离去，统统拨归于“缘尽”，

没有所谓的头也不回——不回顾，当然是马上有了填补，无心恋战。

……万事都在“衡量”二字。

一切，都归咎于“缘尽”吧。

她，毕竟是活得自我的女子。即使在爱里，她也是不能够失去自我的。是要倾尽所有，都要做自己的真我女子。这样的她，未曾不好。若非如此，她怎会在离婚之后，还能获得一份令人艳羡不已，安好的生活呢？

聪明若她，人都说红颜多薄命，她却是可进退自如的，始终知道自己在什么时候要什么，过什么样的生活。因而，她的人生很圆满。

且说，离婚后，映霞到了重庆。她开始努力生活，努力工作。因着军统头子戴笠的缘故，她获得到一份在外交部担任文书科科员的好工作。她知道，这是她的好机会。于是，在第一天上班时，

她刻意打扮了一番，穿上一身凹凸有致的花色旗袍，足蹬三寸高跟皮鞋，加上她那“荸荠白”的皮肤，确实是艳光四射。

她款摆腰肢走进办公室时，使四座皆惊。

映霞是清楚地知道，红颜易老，青春不再，她必须好好地把握自己犹存的风韵，而且还要尽量摆脱“郁达夫弃妇”的阴影。所以，她努力地重塑淑女的形象。她，亦谨言慎行，往日故交在重庆，她亦刻意少往来。

不久，经此精心准备，她又重新在社交界抛头露面。商会会长王晓籁成了她的干爹。她亦凭着她的家世、学识、美艳、机敏，加上岁月的磨炼、爱情的波折、饱经世故的人情练达，还有人见人怕的戴笠撑腰，日子过得是顺风顺水。

1942 年 4 月，由曾代理民国国务总理兼外长、后任南京国民政府外交部长的王正廷做媒，王映霞在重庆再度披上嫁衣。而这一次的婚礼更是惊动四方，冠盖云集，贺客如云，极为排场，宴宾三日，王莹、胡蝶、金山这些当时的大明星也都前来赴宴。

新郎钟贤道，亦是响当当的人物。江苏常州人，毕业于北京中国大学（初名国民大学，1917 年改名为中国大学），任职于重庆华中航业局，是王正廷的得意门生。

为此，著名作家施蛰存还专门为王映霞赋诗一首：“朱唇憔悴玉容曜，说到平生泪迹濡。早岁延明真快婿，于今方朔是狂夫。谤书欲玷荆和璧，归妹难为和浦珠。蹀蹀御沟歌决绝，山中无意采蘼芜。”

1946年，戴笠因飞机失事而死。王映霞顿失凭依，聪慧若她，便机警地辞去外交部的文书工作，急流勇退，过起了朴实无华的主妇生活。后来随丈夫到了芜湖，生了一子一女。

日子，过得是美满而幸福。

## 温暖你

中国素来讲究才子佳人的组合，古来有司马相如配卓文君，苏东坡配朝云，近有徐志摩与陆小曼，梅兰芳配孟小冬，皆是为那令世人惊艳的男才女貌，看上去亦桃红柳绿，煞是令人爱羡的。

不过，这些旷世绝恋里，好的结局有之，遗憾满满的亦有之，谁可以在这一出悱恻缠绵的绝恋里全身而退，谁就是最佳的女中豪杰，亦可谓现在流行言语里的“女汉子”，潇洒、豁达，是为女子们的榜样。

诚然，能做到这般的女子，是可爱的，比如映霞，是让世间女子纷纷艳羡不已、仰望不已的。

在爱情繁花落尽，幸福归路无踪时，要决绝地离开，莞尔去寻觅可以给予自己幸福生活的爱之光华，千万别将自己的一颗芳心只交付于一人。

不然，终不能免于一场比恋爱分手更难堪的婚姻劫难！

# 倾谈四 白光

## 女子当不畏将来、不念过去

大卷发，艳妆的脸，妩媚的眸，

她以“一代妖姬”的名号在旧上海歌舞升平，

她的名字叫白光，亦曾叫史永芬。

她用一种纸醉金迷的狠劲，

诱惑、调戏、轻贱、讥讽着烟花尘世中的男人。

另一面，她又是爱情的信徒，

相信爱情，信得近乎头破血流。

于我说，她白光，亦或那个曾叫史永芬的女人，

都是那个夜莺只唱一首歌的不畏将来、不念过去的勇敢女神。

## 导语

40年代的旧上海，她以“一代妖姬”的名号与金嗓子周旋、银嗓子姚莉、低音歌后吴莺音、电台王张露齐名为时年的“五大歌后”。在这五人中，白光是其中最特别的一位。

为了活得自我，她并不怕坐上“影坛荡妇”型明星的首席座位，而是以低傲的姿态向世人展现着自己的邪气与野性、娇媚与率性。尽管，最后她是以放荡狂野的形象被载入影音史册的，然，她确是真性情而为之的。她的那些肆意挥洒的亦傲亦邪的心绪和欲念，是从体态、表情到声音都渗透出来的，绝无半点虚假在里面。

当然，最具代表的还是她的歌，那里面满是人世苍凉中的不甘及空虚。那是她，用一种纸醉金迷的狠劲诱惑、调戏、轻贱讥讽着烟花尘世中的男人。

感情里，她确也深受其害。她一生对钱财谨慎，然而却在爱情面前被栽得头破血流。是一个美国飞行员，她因相信他给予的爱情，而被骗得钱财两空。离婚官司也拖得漫长而令人疲惫，前后开庭二十多次，打了几年都未能定案的官司，耗尽了她的精力和钱财。这次的婚姻于她是为致命的打击。回忆过往情路，真是坎坷得不忍回首望。十八岁奉家长之命初嫁，生下一对儿女，之后便不断经历着离婚、订婚、解婚、结婚、离婚。

若是女子，任谁都会再不想结那劳神的婚姻了吧!

白光，亦如是。

不过，她是白光，她生来即有与生俱来的生之勇气，不畏将来不念过去，也是她的信条。于是，在恰逢结识了小她近二十岁的影迷颜良龙时，她果敢地和他在一起同居双栖三十年。

事实上，白光一生里获得的最快乐、最幸福的时光，就是和颜良龙在一起的那些岁月。一生情路坎坷之后，身边终于降临一个如此呵护她的男子。他在她两周年的祭日里，如是情深地为她写下一首诗："灵凤振翼去，空余绕梁音；知心斯已远，何日君再来；昔日之光彩，今日依然在。"落款是：永远怀念您永远爱您的夫颜良龙。

生之岁月，能获得一个男子的如此钟爱，是女子，应足矣的!

由此可见，是女子，应当都若白光这般，要活得傲骨、勇敢，活得不畏将来不念过去些，如此定可获得一个丰盈的美好人生。

※

看过一档回忆节目，是介绍白光的。

嘉宾，乃是上海音乐学院的教授王勇，这个憨直温和的音乐人，像是意大利大师级导演Giuseppe Tornatore的电影力作《Malena》（译作《西西里的美丽传说》）里情蔻及笄的少年般，回忆着他所熟知的一代妖姬女星白光。

荧屏中，白光一张黑白宣传照，散发着迷人的独特另类魅力，与同期周璇的玲珑不同、阮玲玉的幽怨不同、胡蝶的华贵不同、王人美的俏丽不同，她是至为出挑的。一如“埃及艳后”般才有的浓稠如墨眼线勾勒出的一双美目是顾盼光华的，我竟有了黄碧云《盛世恋》中方国楚初见程书静那双美目时的惊动，真伶俐，一黑一白，不染红尘。

这个烫着大波浪卷、散发如水的女子，我惊觉在她长眉连娟、微睇绵藐的脸上，带着股西方女子才有的那种直白大胆的丰神冶丽。

这样的女子，我一看下就心生好感。

于是，寻味地探究地看起关于她的这场节目。

且见她长眉一挑，睥睨群芳，真真是有着有几分盛气的，却不凌人乖张。性感的朱唇里横咬着一株与她一般浓艳欲滴的玫瑰花枝，唇边的两个酒窝却是将东方女子才有的含蓄娇羞流露了出来。而那胸脯虽裹得严密，却掩饰不住那张扬狂狼性感的呼之欲出。我喜爱的李碧华说过，“水乳交融，才是最情色的”。

于我看来，旧时女子能生得这般眉眼有风骨且见棱角的真心稀罕。就如今而言，亦是少的。

我虽是女子，都被她那股子魅惑摄人的气质所吸引，她，符合我看过的黄碧云形容下最烟视媚行的女子形象。像是小葱拌豆腐，青是青白是白地写满了一张桃花人面，真是美得凛然啊，应是任谁见了她都要如我这般惊艳赞叹的。

男子，更如是。

想来，那时上海滩十里洋场满是红浓绿翠、莺声燕语，却未曾能将她灼灼其华的绝世姿容给掩住。

节目里，她的歌声更是一种少有的魅惑，那慵懒低沉的嗓音似被精致雕琢打磨而成的美玉，流经身体时，如有小鹿轻缓途经，是被挑逗着的。怪不得有人如是说："听白光唱歌会让你觉得仿佛这女人是上天派来专门考验人心定力的。"

诚然如此。若说听吴莺音的靡靡之音是为一曲催眠的歌，那么白光的这磨砂之音则是为那一剂猛的催情的药。

想来，她这般的女人原应在那男人之世界里顺风顺水的，然她生来即端着一份个性独立女人的不卑不亢，从不与人过分热络，也不过分生疏地游离在每个人的身边。因而，与她同是大牌身份风光无限好的大歌星们不是忙着约见唱片公司高层寻着更多的机遇，便是赶着权贵名流们见得光亦见不得光的应酬；论名头论荣耀远不及她的小歌星们也总是竭尽所能与工作人员们寒暄客套着。

唯她，往往匆忙来往于百代唱片的录音棚内，不多逗留亦不落人话柄。

也是。她这上海女子最是懂得取舍，任是满眼繁华泛滥，却懂得如何去糟存精，以此诠释着经典的真正含义。有人说："上海这一方水土，生生将上海女子练成了精，刻进骨子里的感性细腻任谁也夺不去的样子。"

白光，是将这样的上海女子给演绎得最为淋漓。

回望那时岁月，这样的她未曾不好。想那阮玲玉因了那句"人言可畏”而只身饮恨黄泉路。而她则可冷眼见着周遭的人情冷暖，径自唱着她的《假正经》傲然于世。也许，她一早就参透了那佛门的智慧名言吧——世间谤我、辱我、笑我、轻我、贱我、恶我、骗我，如何处置乎？只是忍他、让他、由他、避他、耐他、不要理他，再待几年，你且看他。

这般的洞悉世故，自是不会生了那《青蛇》里小青对着法海暗生情愫的那般明知不可为而为的执念的。

她太内省，内省的许多时候，我觉得她是安妮宝贝笔下的那些自强的女子。

她，太明白美人的骨头轻不过三两，如花的面孔亦终有凋零的一天。是如此的。旧时的名伶再是众星捧月，风头一时无两，又如何，在某个男人的鼓掌间时，亦是被轻贱了不少的。

这般的女子，她是不愿成为的。她骨子里的那份独立自强的韧性，是为倚着骨血而生的，如同是那血浓于水的，一旦剥离，便也只徒剩了一副躯壳罢了。因而，她断不会因了爱人，而倾尽性命。再是深爱，亦做不了那“千金纵买相如赋，脉脉此情谁诉”[①]的陈阿娇为那刘彻的三千多个日夜的，因太清楚那苦守

① 出自宋·辛弃疾《摸鱼儿·更能消几番风雨》。西汉武帝新宠卫子夫，陈后（陈阿娇）失宠被贬长门宫，不甘心，听说司马相如文章写的好，以重金求他为她写下《长门赋序》，以图打动武帝恢复从前的感情。但武帝看后，并未回心转意把阿娇复位。可怜陈皇后终在凄清的冷宫中了却残生。——编者注

长门冷宫后换来的那袅袅婷婷十三余岁，不过是那藏于门后拈一根发梢儿的怯生生回望的记忆罢了。

是如此。女子若是倾尽性命去爱了人，便哪还有高贵可言。都不过是做给旁人看的世俗荣辱，终究是如那“珊瑚枕上千行泪，不是思君是恨君”[①]的一门绝望。

爱恨了然，活得傲骨、勇敢的白光，断不会如此的。

我，爱这样的女子。

※

时年，白光被称为“一代妖姬”。

这个集演员、歌星于一体的女子，出生于1921年6月20日。父亲，是国民党爱国名将商震部队的军需处长。学生时代，她即表现出她的演绎天赋。她曾参加了北平沙龙剧团，演出过曹禺的名剧《日出》。彼时，和她同台演出即有张瑞芳、石挥等名角。

正式步入影坛是源于日本的侵略。

1937年，日本发动全面侵华战争并占领北平后，准备利用文化渗透来推行侵略政策。日本“东河商事”计划拍一部《东洋和平之路》的宣传片，要全部起用中国演员。最后，选中了两男两女。白光，即是其间之一。

---

① 出自唐·齐浣《长门怨》。自汉以来古典诗歌中，常以“长门怨”为题抒发失宠宫妃的哀怨之情。——编者注

不过，因着种种原因，片子并没有拍出来，白光却因此成了在北京负责推行日本文化的代表山家亨家的常客。山家亨，是“伪满洲国”主要策划者之一的甘粕正彦的得力助手。起初，跟山家亨同居的是同选的另一个女演员李明，然当山家亨得知李明与另一个年轻男人有染时，便结束了与李明的关系，转而与白光同居了。

这个男人，对白光而言是怎样的一个重量，在许多的资料里我们不得而知。然而，他的出现，是将她的命运提升到了一定的高度的。尽管，他未曾真正带给她安稳的幸福。不过，因着他的缘由，白光可以在年纪轻轻时奔赴到日本留学，并得以与李香兰同拜日本著名声乐家三浦环门下悉心研习声乐，是为她演艺生涯之幸事。

而她短暂神秘的不被世人所提及的第一次婚姻里的男子，便是一位声乐家。

之后，山家亨被捕，以叛国、泄露机密、违犯军纪、吸毒等十多条罪名受审。白光因着念情，亦还为他四处奔走。但是，此际的她不过是一个默默无闻的小女人，根本没人理睬她！不久，山家亨终被定罪，白光由此悄然回国，到了上海。

白光的这次归来，则成了她生命的转折点。

回国不久，她便接拍了影片《桃李争春》。在片中，她与时年有着“孤岛影后”之称的陈云裳演对手戏，并将反派一角演绎得老练而成熟，而那一曲片中唱的主题曲《桃李争春》更是妖娆入心。她，因此而一鸣惊人红遍荧屏上下。彼时，即有评论如是写道：“白光把剧中的反派女角演得叫人又爱又恨，那顾盼神飞的修眉俊眼撩人心动，勾魂摄魄的低吟浅唱醉人心田，一句话，够味儿。”

自此，白光以放浪狂野的形象载入影音史册。

她率性而为，能歌能演，无论歌声还是影片，都肆意挥洒着一个烟花女子在风尘荒唐中亦傲亦邪的心绪和欲念；是从体态、表情到声音，都缭绕着挑逗的风骚意味。而她的歌，更是一种妖娆的诱惑，里面满是人世苍凉中的终有不甘，毕显出一个在空虚与无可奈何里挣扎着魅惑起舞的身姿。

这样的白光的形象，端的是一扫当时银幕上那种娴静清纯女星、千人一面的枯燥，迅猛地征服了整个上海滩与电影圈。

此际，电影公司的高层，亦个个识察到白光这不容忽视的独特个人魅力及其背后深隐着的巨大商业价值来。由是，个个将她视为宝，但凡影片中有类似的反派角色时，总会不假思索地想到白光。

她的银幕之路，因而也落入一个既定的模式里：一部电影、一个“坏女人”，一首好歌。

《一代妖姬》，是为她的巅峰之作。

那年，她奔赴香港，加盟了张善琨主持的长城影片公司，而拍摄了《一代妖姬》。根据法国著名歌剧《托斯卡》改编的《一代妖姬》，描写了一位当红女伶为了恋人的死而殉情的故事。该片上映后轰动一时，由此也成了白光演绎生涯中的“顶峰之作”。

后来，由于她擅长表演“妖姬”、“荡妇”、“坏女人”一类的角色，因此“一代妖姬”也就成了她的代号。

这代号，确也将她形容得入木三分的。且看她的“妖”，不是造作矫揉成的，而是经由着岁月时光雕琢蔓延开来的。如是，吸着日月精华取天地之气幻化成的人精，早已是脱胎换骨般的涅槃。纯是自然挥发的，或轻或重、或放或收，无不恰到好处；那股子若即若离、正着痒处的感觉，更是被拿捏得到位至极。

这样的白光，自是自恃极高的，然却未必是趾高气扬的，只不过是眼里揉不得沙子的清绝孤高，并多少带着些孤芳自赏的情愫。她被赋予邪气和野性，原不过是被烟花尘世中的男人们所塑造的。因而，她勾人的眼波带着讥讽与不屑，慵懒的身体曲线中又满含着倦怠和冷嘲。

这，是她伸张着自身存在的意义。

实则，在她背后尽有一位悲苦女性的爱与怨。

※

人都说，人生得一知己可以不恨。于我而说，女子得遇一良人可以不恨。

然而，这世间，素来良人无多，男子薄情寡义的多，尤其是在她所属的那个“欢场”。所以，她有了恨意，因着没有靠谱的良人，给予靠谱的好姻缘。

依稀仿佛间，我听到她在唱：“如果没有你，日子怎么过？我的心也碎，我的事也不能做……”

怪，就怪她太相信爱情了，并且信得还近乎头破血流。

第一个伤了她心的男人，我们姑且不去追索，第二个男人也着实可恶得让人不得不拔出来揭示他的恶，以此提醒后世的被爱情迷惑的女子们。

这个可恶的男子，是她在盛年从艺时结识的。一位所谓的美国飞行员，却是一个至为狡猾贪婪的洋鬼子。他，应一早就有预谋，所以疯狂地展示着他的猛烈攻势。在他的强劲攻势下，白光的爱之壁垒被攻破，她在这有别于第一次婚姻的“母命难为”的自由恋爱滋味里迷失了。

因而，不幸的她便落入他这个卑劣男人的始乱终弃里，如同一个长长的噩梦，在漫长的岁月里，她还经历着一场冗长的离婚诉讼官司中，并在此耗费了极多的精力和财力。这场官司，前后开庭二十多次，打了几年都没定案，直到她拿出了巨款，那个无耻之徒的飞行员才肯罢休！

这次的婚姻打击，对白光而言至为难熬。多年来，她都不想再结婚。回忆过往坎坷情路时，她有着深深的不堪回首之感，她如是幽怨地说过："我这个人做人失败，得罪不少朋友，婚也结得不好，一路走来，始终没有碰到一个真正爱我的人。"

许多人会质疑，什么世面没见过，什么风雨没经过的大明星，怎就会生生掉进一个一文不名的洋鬼子设下的爱情圈套里了呢？

想她白光，亦也是精明洞达的女子，从来亦不为男子情话轻易所动的。却怎么，就落入这俗套的爱情圈套里了。并且，这骗局是明眼人一眼就能轻易看穿的。怎就她一人迷惑其间看不真切呢？

不过，于我看来，倒未必是这洋鬼子有多大本领，亦非是个不折不扣难以抵御的大情圣，而是他无非是一个爱情里的虚张声势的那个"勇"字当头的小兵，情场上一番势在必得的胡乱厮杀之后竟将她轻取了来。

自古以来，情场上的男人就只有两类常胜的将军，一类是富贵多金的"金龟婿"，自是会引得女子趋之若鹜的；一类则是巧舌如簧的"情圣"，一出手便能引得女子抛下矜持娇贵，不管不顾起来。就如秋野写过的歌："只不过是汝矛来刺汝盾，一个尘劳，一个业障，只不过是用凸的应付凹的，一块丰碑，一面牌坊。”

如是，我看那男欢女爱、情爱欲念，无论你情我愿抑或你情我不愿，皆是那尘缘与那业障，不是不还，终究是时候未到。

一切，都是注定吧！

无论良缘，还是孽缘，皆是注定。

皆逃无可逃！

※

世事原是这样的吧。

有就有，没有就没有，有过之后没有，也就没有。

不畏将来，不念过去，才是最美好的生存之道。

当年她和飞行员结婚后，双双同往日本东京定居，离婚后，白光忘却所有开始征战商场。不念过去，不畏将来地荣光登场，在东京银座开了一家夜总会，生意竟然是很旺盛的。

这样的白光，真是离婚女人的好榜样。

不自暴自弃，不自怨自艾，只勇敢地过好每一天。过往一切都是浮云。虽有过伤，但却入不了骨髓，都可以忘却，一切重来。所以，这样的女人才容易获得幸福。

比如她。

一次，五月花夜总会的献唱中她结识了比自己小近二十岁的影迷颜良龙。颜良龙的父兄，皆是她的影迷。因而，他对她是那种真挚的小心的爱意情浓。经过一段时日的交往，白光那颗原本枯死的心，终被打动，奔赴他的爱里。

事实上，在她后来的那些岁月里，她获得的真正属于自己的幸福，即来自这个爱她如生命的男子。

他们一起双栖同居三十年，恩爱久长至白光离世。

遥想她的一生，真正属于她的幸福，并不算来自电影和音乐的光芒，而是这个叫作颜良龙的男子给予她的那满满幸福。因为，音乐和电影终究是留给别人的，并不能够真正缓解她凄凉的人生，抑或伤痛。唯有颜良龙，是为她生之岁月的一剂良药，给她温良，给她爱呵，给她恩慈，给她安稳，因而在她临死时，她都紧紧地拉着他的手不肯松开。

这个小她十几岁的颜先生，确也是她割舍不掉的至爱。那际的她，该有多遗憾，因了那“爱是无涯，而吾生却有涯”的寿数将近。不过，我知道她又是多么充盈的，因了此生终是没被那盛名浮华所累及，倾尽一生终是寻到了最完满幸福的情感归宿。

颜先生，确也是个优质得不可多得的良人。他，是真的特别爱她，由此，他亲自为她造了一个琴墓，黑白琴键下，白光永远安睡在那里；他，因特别怀念她，便将家里始终如一地摆设成原来白光在的模样，有时会想着一梦醒来，也许白光就又回到自己的身边了。

不过，世事如春梦，梦醒了，什么也就都没有了。

他，终清醒地知道她永远不会回来了。于是，在她两周年的祭日里，他为她深情地写下了这首诗：

灵凤振翼去，空余绕梁音；
知心斯已远，何日君再来；
昔日之光彩，今日依然在。

诗后的落款是：永远怀念您永远爱您的夫颜良龙。

是女子，能遇着这么个良人，皆可不恨的。

想他，虽然给予她的是最平淡的婚姻，然而她获得的却是世间女子皆梦寐以求的好幸福。

由此，世人皆因着他的缘故，信了这世间是有好姻缘存在的；而女子们皆因了他的缘故，信了这世间终会有良人出现的。幸福，是有的；真幸福，是可以逢得着、遇得到、等得着的。于是乎，在吉隆坡郊外的她的墓地上，信爱的人们拾级而上，遥看着一排黑白相间的琴键，轻哼着那上面隽刻着的《如果没有你》的五线谱，像是遇见了真的幸福一般会生出雀跃来的。

人说，有那么一些已经远行和终将远行的身影，是会一直留存于有心人的脑海里的。

令人难以忘怀的白光，无疑是其中一位。

她那富有磁性妖媚的嗓音，可以在任何钢筋水泥的都市里，将你带入属于她的那个年代。

40年代的旧上海，她在那里歌舞升平。

我们，知道。

## 温暖你

常言道，女人是用来疼的，此话不假，像是李碧华说的：“女人就像一颗眼泪，从来不痛，却经不起一阵风。一点灰尘叫它流泪，遇上酷热严寒竟不畏惧。”

朝秦暮楚终日流连花间的男子虽叫人不齿，然那拥之幸福抱着温香软玉却不懂得珍惜的男人更是黑了心肺。

至今，仍有不少老歌迷老影迷玩味着白光的艺名，想着从中揣测它的意味。

在众说纷纭的多个版本里，我记得她说过的那个版本，“白光，就是电影放映间里那一束沉黑中的耀眼白光”。

恍如隔世。

她的绚烂浮华，只投影在那一束白光所映射的幕布上，而她的流光飞舞亦只在那一束白光的透射中，穿越那一程历史的光阴甬道。

人事有代谢，往来成古今。

她，白光亦或是那个曾叫作史永芬的女人，都是夜莺只唱一首歌的不畏将来不念过去的勇敢女子。

而我言说种种，不过想说的只一句，即“是女子，当应不畏将来不念过去，若白光这般”！

所谓幸福，便是随手可得！

# 倾谈五 张幼仪

## 无所畏惧、做个如莲的女子

世上最残酷的事，都让她一并赶上了，
爱与恨、彼此擦肩“相忘于江湖”，
背叛、暴力……
哪一桩婚姻里的不如意，
都让她赶上。
哪一桩伤害，
都让她痛彻心扉！
还好，她无所畏惧，
抬头望明月、低头朱砂痣地忘却所有，
终成蝶。

## 导语

20世纪的那一场毫无征兆的“济南号”飞机罹难造成的机毁人亡事故后，大诗人徐志摩便成了文化界经久不衰且历久弥新追捧着的话题人物。围绕着的还有他的那些女人——张幼仪、林徽因、凌叔华、陆小曼、韩湘眉，国外的据说还有赛珍珠、史沫特莱。

这么多的女子，他也真是个俗世尘襟里那不折不扣的多情种。不过，世人皆知这么多女子里他唯首肯的不过是三个女子。张幼仪，就是其中之一。尽管她，对他而言曾那般的微不足道，弃之无悔。然，她那原配夫人的身份却最为珍贵。尽管，她的名字不似林徽因如人间四月天那般清风旖旎，是为他徐志摩笔下那“最是一低头的温柔，像一朵水莲花不胜凉风的娇羞”；亦不似陆小曼如人间七月天的山水潋滟，是为他徐志摩暖手心里捧着的那张

"芙蓉如面柳如眉"。

然，坚韧如她，勇气若她，她凭借着自己的一身韧劲果敢及睿智，终打下了自己的一片艳美的天。是为，她的名字，在世人的眼里便一如了那人间明媚春天里的新月盈润，是如那"国画中的留白，不点染，但意境在，没说出来的只能体会"的楷模，照亮了别人，亦照亮着自身的前行之路。

亦曾有文字如是写道："张幼仪不是一个懂得风情的女子，但她却有着女性柔韧且密实的爱，只是志摩不能体会，志摩能体会的是那不胜凉风的娇羞。幼仪因此有了挫折的命运，有了黯然的青春，可谁能说幼仪的爱担不起志摩的感情？幼仪的成全和忍痛割爱，比起空灵的才情四溢的爱，比起娇媚的风情妖娆的爱，没有逊色只有悲哀，悲哀在于那人的不能体会。"这般形容她的言语，确也言之凿凿。

唯感叹，他徐志摩命定不是她幼仪的良人罢了。

没了他，她只是痛了、疼了。生活，却未曾因他的离开而变得更悲惨，反而光艳四照，是为女子都应崇拜着的真正励志女神。

※

同为民国名媛的苏青曾如是说过：“婚姻不如意，便是顶薄命的事，理想婚姻是应该才貌相当的。”

如此说来，墨守封建礼教纲常的幼仪逢着饱受西方文化浸润的志摩，本身就是一个被注定的悲剧姻缘。就如后世里的记载，志摩在头一回拿到她的照片时，嘴角便向下一撇，极尽嫌弃鄙薄地说道：“乡下土包子！”

诗人无限情怀下。他，自是无法将浑身看不到浪漫清新气息的乡下幼仪看入眼的。因而，在他们婚后，他亦是从没正眼瞧过她的。这样的男子，是冷酷的，暴力的。不管他对他的女神林徽因，抑或对他爱的妻陆小曼如何殷勤，他仍是个摒弃掉他浪漫诗人外衣之后，被世间女子躲而远之负心的人。

记得看过梁实秋笔下的他：“他饮酒，酒量不洪适可而止；他豁拳，出手敏捷而不咄咄逼人；他偶尔打麻将，出牌不假思索，挥洒自如，谈笑自若；他喜欢戏谑，从不出口伤人；他饮宴应酬，从不冷落任谁一个。”却也真真想不通他为何待自己不爱的幼仪，这般的冷漠残酷至极。也许，不爱的婚姻里往往会掺杂了不情愿的恨意吧。于是，把这种不甘的恨意全转嫁给了不幸的幼仪。

然，实质上，他只是未曾发现幼仪的美好。她，远不是他眼里那没见过世面的嗫嚅女子。实则，她“性格刚强，严于管束，大时尤甚，富于手段；很有主见，也很有主张，且相当主动……”时年，更有倜傥风流的罗隆基先生对她一见倾心。

1900 年出生于上海郊区的她，原也是名门望族家的闺秀，其祖父是那清朝的知县，父亲是当年知名的医生，其兄一个是当时中国金融界的巨子，一个是当时中国政界的显赫人物，如此家族真真如那张爱玲一般皆是有着“煊赫家声”的。只可惜，若要跟志摩喜欢的林徽因和陆小曼比，她没了柔娟明媚的面容，缺乏了女子的绰约与妩媚的。唯叹，那两个名门家的女子，端的是这世间少有的娇媚女子，恰巧全都让她的夫君遇上。

这，是她躲不开被注定的劫。

就如同，她遇见和他的姻缘一般。

话说，她经由兄长的抉择嫁给兄长相中的徐家唯一的独子志摩，因着徐家亦是江南富庶人家，而无任何反对之心。那时，她还是个长于深闺，不经任何挫折苦痛的明媚女子，她还不知人世凶险，人心难测，更不知一个无爱的男子的冷酷及绝情。于是乎，她带着一颗嫁人的女子之心欣然答应了。

殊不知，他是个那般残忍的人。

婚姻的七个年头里，他对她可以说是视而不见。新婚却无燕尔，才刚圆了房，次年即远渡重洋求学去了，留她个新妇独自在家。这样冷酷的默然，真心是女子都无法忍受的。还好，公婆待她不薄又疼爱有加，且徐家少奶奶的地位尊贵。

只是，没了丈夫呵爱撑腰的女子，从来都是纸糊的老虎，威风亦是虚透凉薄的，可示人的全都是那轻轻一捅就破的不堪。

在他们相处的屈指可数的日子里，他的冷酷让她记忆深刻一辈子。

空旷的院子里，他闲散地坐在椅子上读书，她在他旁边默默地缝补东西，期待着他能跟自己说上一句话。可是，他始终都未曾跟她说上只言半句，他宁愿自言自语，宁愿招呼仆人，都不愿跟她说上任何的话。

这，应是怎样锐戳的伤，要怎么平复才能够愈合，也许用上一辈子的时间都不能够的。

真不知道那时的她，那时年纪轻轻的她，是怎样度过这煎熬的。或许，在她心里一直都有着一个信念，就如黄庭坚的那句“薄酒可以忘忧，丑妻可以白头”亦或张潮的“妾美不如妻贤”，入心地想着用贤淑来打动志摩吧。

她，虽善丹青，却不能投他所好；虽极贴心，却并不能使他爱上。她的婉约深静、沉默坚毅，在他张扬特立、极度自我的眼里，断然成了缺少见识，呆板乏味。她是那“方外不必戒酒，但须戒俗，红裙不必通文，但须得趣”的性情女子，然，在他心里的那所小楼一开始便没有为她预留的房间。

也是，都说“蝶为才子之化身，花乃美人之别号”，断算不得美人的她端的是无法入了他眼的，所谓才子佳人的故事在她这儿终究是个戏文里的唱念做打罢了。

※

1920年冬，幼仪奉公婆之命远赴欧洲去和他团聚。坐着轮船在大海上漂泊了足足三个星期，终于抵达到马赛港。可是，当她倚着船舷焦急地望向他时，一颗心便如若被泼了冷水，整个人瞬时冷僵了。

后来，她如是回忆说：“我斜倚着尾甲板，不耐烦地等着上岸，然后看到徐志摩站在东张西望的人群里。就在这时候，我的心凉了一大截。他穿着一件瘦长的黑色毛大衣，脖子上围了条白丝巾。

虽然我从没看过他穿西装的样子，可是我晓得那是他。他的态度我一眼就看得出来，不会搞错，因为他是那堆接船的人当中唯一露出不想到那儿的表情的人。”

更甚是在由巴黎飞往伦敦的飞机上，她因为晕机而呕吐不止时，他却嫌弃地把头撇过去说：“你真是个乡下土包子！”

久别重逢，他们之间更没有呢喃厮磨可言。

不过，他终还是脱不了俗的，居住期间，他虽不爱幼仪，他的女神林徽因亦还整日占据着他的心海时，却仍还是让她再次怀了身孕。这，也是令人厌烦他的缘故吧。后来，他更不顾家庭的相容，亦不理社会的舆论，非要执意而绝情，只为一己之念地冷酷地要和怀有身孕的她离婚，真真是令人生厌的。

好想替幼仪说，断了任何与他有交集的牵系，他于你不值得你如此待他。

而这厢，未曾觉得过自己有一丝一毫的错与残忍，紧逼着幼仪和他离婚，以此好去林徽因那里信誓旦旦。还好，徽因伶俐洞明，是再美的誓言都不能蒙蔽掉她认清男子的一双慧眼的。幼仪的怀孕，对她而言就是爱情的背叛，她自是无法容忍和接受在高尚纯洁的爱情之外，那个她深爱的男人的灵魂和肉体之间的自相背离的。哪怕，她在爱，断然也会放手这份爱的。

于是，志摩再重的情话，在她的心里也都变得虚无缥缈了。

她，开始清冷地看清这个叫作徐志摩的浪漫到骨子里的男人。她，已然在心底做出了正确的决定。

而，志摩却不然。徽因的断然拒绝，越发地坚定了他和幼仪离婚的心。他逼幼仪“把孩子打掉”，当幼仪不无伤心地说：“我听说有人因为打胎死掉的。”他却诡辩且冷淡地说：“还有人因为坐火车死掉的呢，难道你看到人家不坐火车了吗？”此外，他还在要求离婚信中如此冷酷地写道：“……真生命必自奋斗自求得来！真幸福亦必自奋斗自求得来！真恋爱亦必自奋斗自求得来！彼此前途无限……彼此有改良社会之心，彼此有造福人类之心，其先自作榜样，勇决智断，彼此尊重人格，自由离婚，止绝苦痛，始兆幸福，皆在此矣。”

眼见幼仪不予答应，最后，他竟是自私地一走了之，将身怀六甲的她抛在一个人生地不熟的沙世顿。

这样的男人，真是可怕，是女子无论谁遇见了这样的男子，真心是顶顶不幸的事。

面对此，年轻的幼仪，自是生了轻生的心。也许，是腹中骨肉的牵系，也许是自小所熟稔的那句“身体发肤，受之父母，不岂毁伤，孝之始也”的千古礼训，让她终抛却了轻生的念头。于是，她给二哥写信求救，去了巴黎后来又辗转去了柏林，并最终给他徐家诞下了一子。

然，志摩真是残忍至极，明知她的去向却是不曾给予任何理睬，就连新生的婴孩也是置若罔闻的，只是在签署离婚协议时，方才去到柏林。

这样的志摩，真真是可恶，他的那种种作为丈夫的不负责任之行径即便放在现今亦是令人齿冷心寒的。何况，在那个女子还毫无地位可言的旧时代。

想起碧华说的那句轻省回望的话，“爱人的戏语，比不爱人的诺言好”，真真是一语中的。

只是，这世间，有多少红颜终究敌不过这样的人生噩运。

※

她，签了字，在离婚协议书上。没有吵闹，没有纠缠。

这样的她，是明智的，在志摩对她没有爱情，选择平静离开是最对的选择。

他对她的成全，感激不尽，道着谢，提出要去看看刚刚出生的孩子。在医院的育婴室外，他隔着玻璃窗户看得是喜出望外、赞叹不已，却丝毫未曾想过刚产子无任何收入离婚后的她该如何养育他的亲骨肉。

他的冷漠，终让她看清了一件事情，即爱谁都不重要，重要的是自爱。如是，她开始奋强起来。是倾我所有地去生活了。她雇了保姆，开始学习德文，并进入裴斯塔洛齐学院攻读幼儿教育。

只是，命运不济，还是有不幸的事情发生。1925 年，幼子彼得三岁，死于腹膜炎。

不过，离婚真的让她如涅槃一般重生了。面对不幸，她再不是曾经懦弱哀求的张幼仪，而是可强忍悲痛之情料理孩子的后事，然后坚强地继续着她的异国求学历程。这样脱胎换骨的幼仪，终赢得了她爱的那个男人的尊重。他在写给陆小曼的信中，说："C（张幼仪）是个有志气有胆量的女子……她现在真是'什么都不怕'。"

诚然如此，他再见她时，她早已蜕变成一个华丽的女子。再不是那个连英文单词"哈喽"都说不全的"乡下土包子"了，而是一位令万千人艳羡的能操着数国语言的大学教授。

她，自己亦说，要感谢志摩与她离婚，不然自己还不会认清自己，不会成长。

她亦承认，和志摩的离婚，使得她脱胎换骨，找到了自我："在去德国之前，我什么都怕，在德国之后，我无所畏惧。"

这样的她，亦是有不少人爱慕的，更有男子热烈地追求着她。不过，都被她拒绝了，她说："我还不想结婚。"她是有顾虑的，在给四哥的信中她如是写道："为了留住张家的颜面，我在未来五年里，都不能叫别人看见我和某个男人同进同出，要不别人会以为徐志摩和我离婚是因为我不守妇道。"可是，于我看来，这只是面上的推辞。真正的伤疤，在于婚姻给予自己的那可怕的伤害。

如此婚姻的伤，定是任哪个女子都无法逃避及忍受的，真的可以说是一朝被蛇咬，终生怕草绳。

再是坚韧，终是无法再次勇敢地跨进那姻缘的。

撇了姻缘不顾，她将全身心都注入事业上了。终于，去国五年之后，一个涅槃重生的幼仪回到了故乡。

民国十五年夏，她任职于东吴大学教授德文。不久，她还创立了上海第一家时装公司——云裳时装公司。她，真是一个生意人的料。她积极将欧美社会中最为流行的服装式样引入“云裳”，且用料裁剪缝制均十分考究，不久便将公司经营成彼时上海滩上一流的时装公司。时年，云裳时装公司的顾客多为闺秀淑女、豪门名媛，在社交场中，她们皆无不以穿着“云裳”所制服装为荣，“云裳”因而门庭若市生意兴隆。

后来，她又被其兄张君劢聘请到自己参与领导的国家社会党会计事务所管理财务。再后来，优秀的她还担任了濒临倒闭的上海第一家妇女储蓄银行副总裁。她还真有生意上的翻云覆雨手，凭借着自己的能力终让妇女银行走出困境。她，亦因此名噪一时，成为中国近代第一位女银行家。

这样的她，真具有魅力呀！

每天，她上午九时准时上班，从不迟到；下午五时下班后，还专门请了一位老先生为自己补习。曾经，默默守在志摩身边时，她最遗憾的是自己没能够接受良好的教育，没能系统地学习到新派的知识，而不能像他期望的爱恋的那些女子一般既渊博又浪漫。今次，她要将所有的憾事弥补，哪怕他已不在自己的生命中。

然，他毕竟还在她的心底深处。

要不，她不会八十八岁高龄时还悠悠地说："你总是问我，我爱不爱徐志摩。你晓得，我没办法回答这个问题。我对这问题很迷惑，因为每个人总是告诉我，我为徐志摩做了这么多事，我一定是爱他的。可是，我没办法说什么叫爱，我这辈子从没跟什么人说过'我爱你'。如果照顾徐志摩和他家人叫作爱的话，那我大概爱他吧。在他一生当中遇到的几个女人里面，说不定我最爱他。"

她，因爱他，会在某种时刻不由自主地想着要变成他喜欢的那类人。

尽管，她的爱情再没有重量。不过，她的生命由此反倒显出分量来。她虽还将他收放在心底的某一处，但他再无法伤及她任何，反而是将给予她这个历史洪流中的女人以除却爱情之外的另一种精神力量。

是女子，能如此，便是幸之事的。

※

志摩去世后的五十年间，面对外界的纷纷揣度，她始终闭口不谈志摩任何，亦不诉说自己的悲苦逆境，更不曾追讨他的薄幸寡情。直到临终前方才将那些如烟往事尽道于自己的侄孙女张邦梅听。

这样的她，真是难得的女子。

更难得的是，她虽跟志摩离了婚，却自始至终地帮着徐父料理着徐家的产业，并为之颐养天年，养老送终。就连后来，志摩他飞机失事罹难后，亦是她张幼仪替他料理的后事，她亦抚育了徐志摩唯一的子嗣徐积锴成人。

她，就是这样一个笃信着“江山有义，良人有靠，不求春花秋月的浪漫，不求眼花缭乱的生活，不求你侬我侬的爱情”，务实大气的女子。

这样美好的女子，上天定是会眷顾的。所以，在 20 世纪 50 年代，她终于觅得了属于她的真情至爱。

于是，她写信给儿子徐积锴“母拟出嫁，儿意云何”？儿子的回复则是情文并茂：“母孀居守节，逾三十年，生我抚我，鞠我育我，劬劳之恩，昊天罔极。今幸粗有树立，且能自瞻。诸孙长成，全出母训……母职已尽，母心宜慰，谁慰母氏？谁伴母氏？母如得人，儿请父事。”

是呀，她已付出许多，该是得到幸福的人。

人说，“子女是能映照父母形容、人格的一面镜子”，由此可见，她幼仪是何等的奇情女子，才能教育出如此通情理的儿子。曾读过一篇关于张幼仪的文字，文中有女子如是说：“她们三个人当中，我最心疼张幼仪，她成全别人，不以自己为中心，但她给得起，所以她的子女都很有出息。”

于我，亦是这般疼惜她的。

还好，她终在年过半百之际，与医生苏纪之先生于日本东京举行了婚礼。时年，她六十七岁。

这样的婚姻，应是她要的。在她看来，婚姻便该是简单纯粹的，是蚌和珍珠的结合，一粒沙无意中走进蚌的身体，蚌不断付出它的心血来减少痛苦，终于，便产生了一颗完美的珍珠了。

曾经，她和苏医生一起，到过英国康桥、德国柏林故地重游。站在当年和志摩一起居住过的小屋外，她没办法相信自己曾那么年轻过。

也许，她还想起了志摩离婚后给自己写的那段诗歌：

莫焦急，万事在人为，只消耐心

共解烦恼结。

虽严密，是结，总有丝缕可觅，

莫怨手指儿酸、眼珠儿倦，

可不是抬头已见，快努力！

如何！毕竟解散，烦恼难结，烦恼苦结。

来，如今放开容颜嬉笑，握手相劳；

此去清风白日，自由道风景好。

听身后一片声欢，争道解散了结儿，

消除了烦恼！

蓦然，想起艾略特写过的句子，一个幸福的女人犹如一个强大的国家，是没有历史的。是如此，她的种种过往历史再不复见，此际，她只是一个寻常的幸福的女子，如若一枝绽放的莲，清洁在她的华丽辉煌的城堡里。

伤痛、背叛，什么都不复见。

唯见了幸福，在生命之内。

## 温暖你

钟鸣漏尽，数十载华年流逝，女子的一生多如那夜凉如水的一声叹息。多是寂寂无名的。能若幼仪这般在经历了伤害后，依靠着自己的能力活得这般有尊严，这般心中修篱种菊是为令人艳羡的。

亦是我，见过的女子里有最好生活态度的。

也是，生为女子，确实会受到各种薄幸寡情之事，不过，只要你足够坚韧，足够强有力，足够努力地让自己倾尽所有都要活得有尊严，你定会成为一个明媚的女子，虽不倾国，不倾城，但却可以迷倒众生。

断不可，就此自暴自弃，自此没了翻身之日。要做，就做幼仪这般坚韧的美好女子，再是残戮伤痛都要万般思量后横下一颗勇敢的心，追求自我想要的生活，哪怕倾尽所有。如此，才可一生不悔。

如此，才可心绽放莲花，美一世。

或者，像李碧华说的那般也好："不要紧，薄情最好，互不牵连又一生。"

最重要的是，人生态度，活着的态度，生活的态度！

# 倾谈六 潘玉良

## 以自己喜欢的方式过一生

她非同寻常的人生际遇，
像是达·芬奇笔下蒙娜丽莎那一丝永恒如谜萦绕于唇边的微笑，
令人回味无穷。
她油彩中所散发出来的那一抹凝香，
是为让一座城市、一个年代的人沉醉不知归路。
她传奇的经历，更让世人惊叹连连。

## 导语

我喜欢夜阑人静时，一个人蜷缩在沙发里看那些入心的电影。看那部2002年威尼斯电影节的开幕影片《弗里达》，就是在这样一个情景里。

一个人，看这位墨西哥传奇女画家弗里达千疮百孔的一生，心是会被顿然戳伤的，仿似你的心脏被一个利器那样锐利而无任何征兆一般狠狠插入了。

心戚戚然！

女作家林白对她的理解，最为悲悯，也最为深刻。她，认为她美得令人惊骇。她如是说过："一个盛装的墨西哥女人，作画，或者躺着，或者躺着作画，坐着，站着，或者接吻，无论何时何地，哪怕躺在医院的病床上，穿着石膏的紧身衣，她头上的发式纹丝不乱，头上的花朵永远盛开……她的美丽与破碎，成为难以阻挡的女性魅力……她流血、哭泣，被钢铁穿透，她把她的痛变成珍珠，穿越时空，散发出久远的光芒，妖娆而动人。”

是如此的。

上帝，始终公平。掠夺走你的一些同时，定会给予你另一些的。

再比如，那个民国时期，那个同样一生千疮百孔，却美得令人无法逼视的女画家潘玉良。

皆是坚韧的女子，有着一颗锐不可戳的心。

生活，是活给自己的。

——她们用她们千疮百孔却又活得精彩而美的人生如是告诉我们说。

※

玉泽天成，良人如天。是为，玉良名字的韵意。可惜，不幸的命运，给予她的却是一个反之千里的厄运。

幼年时，即成孤儿。母亲临终前，将她托付于不成器的舅舅，也真真是个错入极致的决定。十四岁，那嗜赌成性的舅舅将她残忍地卖入那烟花柳巷，迫使她在背井离乡的地方做起了那无名无分的清倌人。

幸而她为逃出这个魔窟，而毁容三次，落得一副不美的容貌，才不至于真正地做到身子的迎来送往。这样的种种，亦是为了遇见一个他吧！

当我足够好，恰巧遇见你。说的，即是这般吧。

他，改变玉良一生厄运，成就玉良一生传奇。他，就是日后因着玉良的缘故，而被世人知晓崇敬着的优质男人潘赞化。

也是，若没有他，应是没有日后如此艳绝中国画坛的传奇女子潘玉良的。

世事，亦都是有命中注定吧！

且说，那一日，年轻的他来芜湖上任，当地政府及工商各界同仁为他接风洗尘而举办了一场声色的盛宴。地点在玉良的妓院。席间，商会会长特意将才情的玉良献上弦歌助兴。也是对的人，那天当玉良轻拨琵琶，慢启朱唇，珠圆玉润地唱起那一曲《卜算子》古调时，他的内心婉转回荡地波动。

> 不是爱风尘，似被前缘误。花落花开自有时，总赖东君主。去也终须去，住也如何住？若得山花插满头，莫问奴归去。

凄怨悠远的曲子里，被玉良深情地注入了满满的渴望自由的旋律，他是被感动了，深深的。于是，良久之后，他问玉良："这是谁的词？"

玉良一声长叹："一个和我同样命运的人。"

潘赞化又问："我问的她是谁？"

玉良幽幽地自语道：“南宋天台营妓严蕊！”

他们，如此一问一答间，有了最初的默契及爱慕之心的。如是，玉良那颗想逃跑的心便又蠢蠢欲动起来。她决定，冒着大不韪之险去求他赎了她。

人说：“青楼女子看两件东西最是不会看走了眼的，这一是看珠宝首饰，成色做工质料分毫不差都是有可能的；这二就是看男人，说得上是阅男人无数了，所以她们看男人是看得很准的。”

也确实，灵慧的玉良在这个妓院久长难挨的时日里，早已将种种男人阅尽，什么样的人是嫖赌无责任心的，什么样的人是可以托付终身的，她练就的是那悟空的火眼金睛。她在第一眼看到他时，便笃定地知道他可以将其救赎。

事实上，如她所想所料。纯良善化的潘赞化，确也是对她动了恻隐之情的，终是还了她个自由身的美好结局。

常常，阅读到这幕资料时，我的眼前会出现《盛世恋》里的情景：程书静去见方国楚时，她突然停下来，像戏子行将出场，预知台上厮杀热闹，便停下来，吸一口大气，再迎上去的决绝不顾。她，那时即若程书静这般的吧。

女子这一生，若是逢到一个真正的良人，便是可一世获得心灵深处的幸福的。玉良即如此。这，一生逢着了一个叫潘赞化的男子，是为她的幸。

试想，她一个娼门女子，可谓身无长物，目不识丁，更是肩不能挑手不能提的。她所会的，所受过的最好教化，无非是“女红”、梳妆之类的小伎俩罢了，无非是为了取悦男人的享乐滋生衍化而来的。而琴旗书画、歌舞诗文无非是供着男人赏玩淫乐助兴的伎俩，精通与否都不足以让她们出了娼门后能自行糊口度日。

难得潘赞化是那通情达理之人，见她孤零漂泊似无根之花，心里终是放不下她，如是摒弃掉一切封建思想的干扰，将她娶进门，让她名正言顺地做了他的妾。

只是，在那样一个封建余存满满的时代，你一人躲避掉那种种世俗里的干扰，却是无法阻止掉来自别人的干预的。更何况，他还有一个明媒正娶的妻。

虽然，她这个正牌的妻不是那么的讨潘赞化的喜欢，却是可以端起架子来跟玉良较量的，而且还是高昂着头，凌厉地站在那里俯视低跪着的玉良。说来，若是换作别人，她倒不必这般大费周章地与玉良较量。她，亦不怕丈夫纳妾的。话说，那时一妻一妾是再正常不过的事儿，一妻一妾即使共处亦是如那穿衣吃饭般的稀松平常的。她，无法容忍的，心内尽不平的，是他纳了一个青楼女子为妾。这，是为让她不能接受。想着，自己好歹也是正经人家出来的闺秀，如何能够做到和她这青楼女子共事一夫？

她，断然不能够做到！

于是，她开始百般挑剔，比古时恶婆婆还要刻薄。玉良，逢着一个良人的玉良自是百般委曲求全。只是，潘赞化看在眼里，难过在“才下眉头，却上心头”的烦恼忧愁里。于是，他便带着玉良背井离乡落户到了上海一个叫渔阳里的地方。

世间事，即是这样有定数的事。

她玉良，正是因为潘赞化的这次决定，而彻底地改变了她的一生之面貌。虽然，这期间，少不了她那颗坚韧的心，及那才情的天赋所致！

※

他们，住进了渔阳里一幢石库门房子里。

此处，是为她的重生之地。

离开了伤心地，她似凤凰涅槃，得以重生。虽然她还是以妾的身份存在着，但是却可以正儿八经地与自己心爱的男人过起寻常人眼里的夫妻生活。这，对她而言，美似花开，绽放如初。生命，美好得无话可说。

她，开始用一腔美之热情来打造属于他和她之间的爱情生活。

尽管他们所住的院子不大，房子亦半旧，但是她仍热情满满地和潘赞化一起用了几天时间购置了布置房间的所需，并且在她那一双翻转即可成花的巧手的打造下，小家顿时显得典雅洁净，另外，她还特地把自己画的凝聚着他们爱情的“荷花”，贴在卧室的墙上。瞬时，卧室即温馨满满。

如此会生活，体己贴心的女子，是男子谁会不爱。已然，端的无关乎什么容颜貌美的了。

我想，潘赞化爱的就是玉良这般的兰心惠质的。毕竟，玉良不美。

话说，是女子，若是可以做到玉良这般惠质地俘获一个男子的心，这世间便真真是会少特别多的怨女的。女子，当爱人，就要倾尽所有去爱，并倾尽所有去和他一起好好生活。那么，你将获得的不止一个好良人，还有一个好婚姻生活。后续的玉良，为了事业，而断然抛弃了这份生活这份爱，实属世俗的牵绊和无奈，但凡，若是那时社会可以容她，哪怕那么一点点，她都不会那般决绝地离开的，离开他，离开她的爱。

——要知道，他对她的意义。

那时，渔阳里住了不少社会上的名人，其中就有一位上海美术专科学校的教授，即洪野先生。也真是巧。洪野先生，就住在他们隔壁。隔着一堵墙，洪野先生在自家进行绘画创作的话，玉良在自家的客堂间即能清楚地看到对方所画的内容。

因了无所事事，玉良便时常趴在窗子边看洪野先生作画，一来二去，她骨子里的那份绘画天赋便被激发出来了。没事的时候，便会时不时去洪野先生那里，随性地涂抹上几笔，仿似打发日子的模样，亦未曾想到学习绘画。

还是，他们的证婚人陈独秀，发现了她骨子里的那份才情。于是，积极地怂恿潘赞化让玉良学习绘画。结果，在这一怂恿下，她不仅成了洪野先生的入室弟子，更成为了中国现代绘画史上举足轻重的人物。

1918 年，刘海粟先生在上海创立了美术专科学校，为中国近代美术史添上了一抹浓重深远的华彩笔墨。在众人的支持下，玉良亦不负众望以专业成绩第一的优异成绩考取了这所学校。

只是，当学校张贴榜单公布考生成绩时，玉良的名字不见所踪。原来，竟是教务主任生怕这样一个青楼女子为学校落下污秽的声名而刻意抹掉的。所幸，遇到的是身为校长的刘海粟先生，当他得知这一情况后，立马拿上一支毛笔在发榜的单上赫然写下了“潘玉良”三个大字。

就此，张玉良正式对外改名为“潘玉良”。

就此，改掉了张玉良的前世，改出了潘玉良的今生。

就这样，潘玉良成为了当时上海美术专科学校的第一位女学生，师从国画大师朱屺瞻、王济远先生。在学校里随处可见潘玉良勤奋习画的身影，这得来不易的学习机会，她是怀着感恩戴德之心的。

因了刘海粟先生的大力坚持，上海美术专科学校率先引进了西洋画派，即人体绘画。

潘玉良对这人体绘画是最情有独钟的，她倾注大量的热情与心血在人体绘画技艺的研习上，由此她的作品被多次入选法国最具代表性的艺术沙龙展览，共获得二十多个奖项。

历来，我们传统里是骨子的情色爱欲几千年里藏着掖着惯了，一旦赤裸裸大白于天下，定然是接受不了的。加之，这西方人的人体绘画艺术在中国的萌芽，是在这封建社会与民主革命更迭的年代，大多数人的意识还只如那药罐子里的药渣子一般，即便倒尽拿了水去冲，还是残存着一股子去不掉的霉味儿。

也是。有些人、有些事，即使岁月不居，时节如流，到头来依旧是根深蒂固的。

不过，即便如此，也是未曾能阻止了玉良那一颗狂热的心的。人体绘画艺术课上的赤裸铺陈，在她眼里是最深静清明的，如月皎洁，映照人心。

为了人体绘画，她是尽然于心，找一切可以的时刻。有一次，她特意去了那种普通老百姓付得起的澡堂子，将面前那一堆赤裸着身体洗澡的女人生动鲜活地绘画到自己的速写本子里，虽然后来因此招致一群女子的攻击，但是，她内心却至为满足。于她而言，人体绘画高于她的生命。

是事业心，了然其心的聪慧女子呀！

更多的时候，为着远离舆论的攻击，她会趁着潘赞化不在家时对着镜子描摹自己赤裸的身体。为了这人体绘画，她是既为模特，亦为画者。

毕业时，当她的作品中的人体素描及速写作品汇报展览之际，不仅惊呆了同学师长，就是连刘海粟先生也被惊叹得目瞪口呆了。同时，他清醒地意识到，在封建思想依旧是主流的国度，在惯性思维的作用下，潘玉良的绘画天赋会若那营养不良而早生夭折的新生婴儿，将永见不到成长的希冀。

如是，他建议潘赞化送玉良到国外留学继续这绘画艺术事业。

潘赞化，毕竟是胸襟磊落的男子，抛却掉儿女私情，无私为玉良在当时的安徽省教育厅申请了一个官费留学的资格。如此的潘赞化，真真是一个“武人不苟战，是为武中之文，文人不迂腐，是为文中之武”。

于 1921 年，玉良远渡重洋，到了法国的国立里昂美专进行深造学习。

只可惜，她这一起始的离开，便注定了她一生的漂泊，再无根可扎植在潘赞化的身边。而，给予她涅槃般重生的渔阳里，就此成了她生命里最美好的回忆之地。

※

循着玉良走过的那些足迹，时常，我可深刻记起黄碧云在《失城》里的一句话：“生命，是一张繁复不堪的药方，如是二钱，如是一两。”

诚然如此，玉良的生命，可不就是这样一张繁复不堪的药方，如是二钱，如是一两。尽管她一再努力改变，努力争取，那定了模子的她的生命的样子，还是在那里。

当她结束九年异国求学生涯，应对自己有知遇之恩的老校长刘海粟的邀请，而回到自己的母校上海美术专科学校任职教授后，她便深刻看到了那满目疮痍的生命的本源模样。

尽管她在事业上，有着质的飞跃，跟当时一流的绘画名家共事。却无法在生活，那俗世的生活里飞跃而出。在潘赞化的妻的眼中，她依然是个青楼出身的妾，并且贱。

彼时，她住在安徽潘家的老宅里，过着大门不出二门不迈的日子。即便亲夫亲子皆不在身边，那原配夫人的架子却照旧端得倍直。玉良通晓世礼，虽然今时之身份远非过往，但还是基于礼数想着要去拜访她大太太的。同为女人，她是深可以感应到大太太空守活寡的苦痛的。于心不忍下，她亦曾央求潘赞化多次让他带她回老家拜见大太太，然他却总是推脱。

想来潘赞化，应是有难言之隐的。于是作罢。

却未曾想到，玉良没去她反而来了。她打电话，不客气地要求正在授课的玉良马上回家。结果，玉良下课来到家门口时，就听到屋子里大太太如是说道：“我不管她潘玉良是什么著名的画家，我亦不管她是什么大学的教授，她在家里头就是妾，妾就得给大太太下跪，请安。”

如此残忍的话语，是令玉良恍如被雷劈一般，将过往的强行遗忘掉的厄运再次揪出。

不过，她爱那个男人，为了不使他为难，竟然“啪”的一声跪了下去。

这一跪，她是又回到了那个看似早已与她脱了干系的“前世”。

也是，爱哪能全都是甜蜜的。多数时候，是苦涩的。倘若爱是一朵莲，最瑰丽的爱一定是那清苦的莲心，一直苦到心坎上的，然后才能有那朵圣洁的莲花。

可赞的是，即便这般的苦，她对他的爱意仍浓。风尘岁月玷污的只是她的凡胎肉身，心还是庙堂上的那一缕青烟，一碧如洗，她仍纤尘不染地爱着他。

只是，穿越了爱情的苦难，却是无法穿越世俗的偏见的。

是 1935 年的事了。她举办了她的第五次个人画展。此次画展上，她的一幅名为《人力壮士》的油画作品，却为她招来侮辱。那是一幅描绘了一个肌肉健硕身躯伟岸的成年男子，他正用他钢劲有力的臂膀努力搬开一块巨大的岩石，岩石下脆弱不堪的花朵终于能够沐浴阳光的温暖。

当时的教育部部长应邀前来参观画展，当即订了下此画，因玉良要等到画展结束以后才把这幅画送过去而没有即刻取走。却就在这天付了定金的当日夜里，整个画展竟受到了人为的破坏，大部分画作被毁坏，那一幅被订购了的《人力壮士》不仅被撕毁，还被附上了一张写着“这是妓女对嫖客的歌颂”的字条。

就是这张字条的出现，彻底摧毁了玉良将近二十年来的精神支柱。

她本以为，她已是那破茧振翅而飞的蝶，那一段尘缘往事该是柳暗花明般清明无污了。然而，在那样一个旧时代，一个女人的前世似要比她的今生来得更为旁人所津津乐道。

她，是彻底灰心了。无斗志了。

她，亦决定再去到适合自己的国度。

于是，在 1937 年，她借着参加巴黎举办的“万国博览会”和举办自己的画展，再次赴欧。只可惜，这一走，她即客居海外四十年，再未曾能回到这个国度。

她的人生里，憾事亦多了这一件。

※

在法国的四十年间，她住在巴黎郊区的一间阁楼上，将“三不”公布于世。

——第一不恋爱，第二不入外国籍，第三不签约于画廊。由此，成了旅法华侨间最为著名的“三不”女人。也正是因了她的这“三不”主义，使得她的生活常常会落入一种拮据的地步。爱玲说过，“一个女人莫大的悲哀莫过于墙上的钉子都是自己钉上去的。”

玉良，亦如是。

唐五代诗人鲍溶曾云：“山河不足重，重在遇知己。”

所幸，玉良在法国漂泊的那些清苦的日子，能遇着一个真正体己贴心的知己。他的名字叫王守义，这个留法的中国男子，在她漂泊无所依靠的四十年里，给予她温情，给予她爱，而不使她落入冰海一般的孤寂中。

在法国，王守义经营着一家名为“东方饭店”的中餐馆。生活，因为富足。由是，他可以有富余来照顾玉良的生活，有时间来陪伴玉良的孤寂。在那些久长的岁月里，他时常去她的寓所看望她、照顾她。他帮她举办艺术沙龙，亦陪她时常出入朋友间的艺术沙龙以满足她的切磋画技。随着玉良在艺术沙龙中的地位日渐提高，他还陪着玉良不断出入凡尔赛宫、卢浮宫、巴黎圣母院等艺术宫殿观赏艺术珍品以丰盈自己；另外，他还会静静地陪着她在凯旋门、埃菲尔铁塔下和塞纳河、卢瓦尔河畔写生；更在有生之年里，设法为玉良筹资多方奔走好为其举办画展。后来，真的在他的不辞辛苦的努力下，玉良的画展一场一场地举办了起来，瑞士、意大利、希腊、比利时等国家都留下了玉良画展时的身影。

由此，许多不明就里的人们，纷纷认定他就是她在法兰西的异国情人。

此外，大家之所以这般笃定地认为，还有一个原因是在巴黎蒙巴纳斯墓园第七墓区玉良的墓碑上，除了潘玉良的名字外还刻有王守义的名字之故吧。

不过，终究其因，他们之间是清白的、纯洁无碍的，断然没有丝毫杜拉斯《情人》中的任何情景。

在玉良的心中，谁也替代不了她深爱着的那个他。

当她终在海外艺坛声名鹊起时，潘赞化的境遇便不好了。时常，他要靠着玉良在法国卖了画，转道香港寄钱回来糊口度日。在遥远的国度，她始终牵系着他的任何，是即便山重水复也定要等到柳暗花明地等着他的。

她，始终相信终有一日，他们还可以重逢，过起那寻常夫妻的美好生活。

然而，在1960年，当她把巴黎市市长亲自颁发的“多尔烈”奖及颁奖的照片寄给潘赞化时，潘赞化却已经在安徽病逝。

坏境遇，即说的这般吧！

总不会遂人所愿，总会将人伤得个透心凉。

哪怕，你曾如此努力地生活着。

多年后，玉良在巴黎辞世，人们在她运回国的遗物中，发现了两件她保存了一生的物件。一件，是她成婚时潘赞化送给她的西式鸡心盒项链，项链里藏着两幅小照片；一件，是当年蔡锷将军送给潘赞化的金怀表，而当她前往法国留学之时，潘赞化把它作为一种信念，作为一个信物，作为一份诺言给了她。

隔着浩瀚的海洋，隔着催人老的光阴，在某个月明星朗的夜晚，不知会否传来他们彼此遥望的哀叹声？

## 温暖你

真正的美人，熬得过岁月！

说的就是玉良这样美好的女子。

回望玉良的一生，是心有安然的。这个女人，始终用自己喜欢的方式自我独立地生活着，并能从生活中活出美的女子。

这样的女子，最美。

不依赖，不攀附，即便陷入逆境亦可强韧地活着。像向日葵一般，始终向阳。

这样的女子，最令人钦佩。

用执着耗尽青春和年华，一生只情系一人。一个独身的女子，活在哪个世纪哪个年代都是不容易的，二字当头的好年纪还好，多半可在男人的追求着的时光里度过；到了三四十岁，半老徐娘亦是恐怕就只有风言风语及那无聊的骚扰要忍受的；五十之后，上了年纪更是可怕，那无底洞的寂寞是任谁都无法忍受的。可是，玉良不同。这个坚韧地独自以自己的方式过活的女子，为了一个男人，能终生忍受这些，并且无所期待。

这样的玉良，这样一生执着于艺术的美，和某个人的玉良，不愧为一面坚贞的美丽旗帜，遥遥飘在往后万千的年年岁岁里。

是为令人欣赏的，是为令每个欲活得一生优雅的女子的榜样。

# 倾谈七 张爱玲

## 勇敢地做自己

有人说："世间只有爱玲一个人，
可同时承受灿烂夺目的喧闹与极度的孤寂。"
于我，她始终是40年代沦陷区废墟上绽开的罂粟花。
于40年代初的上海滩横绝于世，
于浩渺的宇宙间宛如一颗璀璨的彗星，
划过天际，令人不可逼视。
至始终，她在一个人的城池里，
一双天然妙目，君临她的城下，
那么干净凛冽，无一丝的杯盘狼藉。
以她最好最令人仰止的样子示人。

# 导语

对于爱玲，我是一直不敢去触碰的。如同一个易碎的好看的瓷器，带着鸢尾一般诱惑的她，始终在我心底，却一直让我觉得她是个不曾在地面上生活过的人。

关于她的种种，曾时时刻刻不绝于耳。

她的那些若有若无的谣传，她的那些悲凉的人生际遇，以及她的苦难、她的爱恋、她的疲惫、她的落寞、她的悲怆、她的孤傲，还有她的那些如同罂粟一般魅惑人心的符咒一般的文字。

“现实像一个后花园，从种植开花到凋零，演绎在一双眼眸里”；“生命是一袭华美的袍，爬满了虱子”；“女人一旦爱上一个男人，如赐予女人的一杯毒酒，心甘情愿地以一种最美的姿势一饮而尽，一切的心都交了出去，生死度外”；“长的是磨难，短的是人生”；“笑，全世界便与你同声笑，哭，你便独自哭”……

是怎样睿智犀利而又玲珑剔透的心，才能将这世相种种看透收敛于心，从而书写出这般惊世骇俗的文字，隔了这么久长的时日还让人不能遗忘。有喜爱她的写作者，曾如是言之凿凿过："当时摸着这话，便是惊了又惊，这样的淡然却又惊起壮阔的波澜，那开谢之间，是一生一世。"

我，在初读时，何尝不是如此。

那惊，如同胡兰成的惊一般——惊不是这样惊法，艳不是这样艳法。是世界都要起六种震动的惊和艳。

文字的毒药莫过于此，说的就是我对爱玲文字迷恋的这种情境吧。她和她的文字，深入我的骨髓，让我欲罢不能，多数里只任由她摆弄乱了我的心性，并心甘情愿地去被她所左右。她不算美女，然却自有一份寂寞容易让人沉溺的气质，就似那个时代一件极其美丽的事被定格在一幅旧窗子里一般，除非刻意去观赏，否则就如同蒙上了一层青灰，左看右看都成了朦胧的画。

我，如同深爱上一个男人那样，深深沉迷于她带来的魅惑气息里。

总庆幸，这世间曾有一个她，曾写下那些字句入心凛冽的华美文字，让我们回望那段乱世光景时，因为有她这样的女子而有了离世的寂寞与出尘的美丽，而有了做一个最好的女子的勇气。

也是，真正的美人，是熬得住岁月，经得住历练的。

就如我们傲然艳绝的爱玲一般。多年来，始终活成自己最好的样子。是如此，心安处，世事才会波澜不惊，才可成为最好的自己。

※

那个时代，只出了爱玲一位这样的女子。

她用苍凉的文字，给我们描述了一个时代的喧嚣与华丽，尤其是那些风流云散的爱情童话。

她写过的任何一句关于爱情的经典，皆可以让今天热恋中的男女心生了怯意。只是，她看透了世间浮华、万千世相，却未能将自己看透。因而她写的那句“生于这个世界上，没有一样感情不是千疮百孔的”，最后却一语成谶。

她自己，成了那个最千疮百孔的人。

她和胡兰成的故事，至今还伴着老上海弄堂里咿咿呀呀的胡弦声，演绎着一曲缠绵无望、灵肉纠葛的倾城之恋。

怪不得，有人说她的爱情和她的作品一样，参照了一个歧义的传奇：妖冶多姿，是非不断。

遇见胡兰成，真真是她的劫。

回首看她的一生，若没有一个叫胡兰成的男子出现，或许她的生之岁月不会这般凄恻。这个生活在社会底层只身闯世界的文人，早已在挣扎中淡漠了自己的人格、尊严和价值观，他在遇到她之前，早已冷酷残忍了。

所以，要如何才够会善待她。

早就不能够了，对所有的女子都已如此，即便是世界都会为之惊动的爱玲。

注定的爱情的劫，她爱玲便也注定逃无可逃。

胡兰成能见着爱玲，原是苏青牵的线。时年，他于南京闲来无事，边晒太阳边读苏青寄来的那本《天地》月刊。适逢翻到爱玲写的那篇《封锁》，一看下便被惊动，是“我才看得一二节，不觉身体坐直起来，细细地把它读完一遍又一遍”，由此，他便“只觉世上但凡有一句话，一件事，是关于张爱玲的，便皆成为好”。

当下，胡兰成便问苏青要了爱玲的地址，赶去她住的常德公寓。时年，常德公寓，还被称作“爱丁堡公寓”。

爱玲喜僻，不喜应酬交际，因而公寓的阳台便成了她与世界维系联系的最清雅方式，她写“我立在阳台上，在黯蓝的月光里看那张照片，照片里的笑，似乎有藐视的意味，然而那注视里还是有对这世界难言的恋慕”，望够了这座“血水浸染、烈火升腾”大海里的孤岛，爱玲便会回转身来，与姑姑说着只属于女人家里的闲话。

兰成，初来的那天，不知道爱玲有没有在阳台上俯望，但是，她断然回绝了他。他，不放弃，在数次按下门铃后还是留下了一张留有自己地址的字条。就此，竟然给了爱玲念想。

爱玲，拿起字条，知道是早有耳闻的才子，于是便生了前往的心。只是，她端的不知这一前往，终生都背负了他这个风流之人带给自己的伤痛。她，在初见他时，她的心即柔然起来，在给他的照片上她更是用笔墨将这爱慕情绪予以抒发淋漓：“见了他，她变得很低很低，低到尘埃里，但她心里是欢喜的，从尘埃里开出花朵来。”

爱玲的爱情，就此开花。尽管她早就看透了世间痴男怨女，但与大自己十五岁的结过两次婚的情场高手胡兰成一经相遇，她便不能自已了。

所谓爱情，所谓一见钟情，便只如了她写过的那句：“于千万人之中遇见你所遇见的人，于千万年之中，时间的无涯的荒野里，没有早一步，也没有晚一步，刚巧赶上了，那也没有别的话可说，唯有轻轻地问一声：‘噢，你也在这里吗？’”

由此，她和他的一段情缘深种。

这一年，张爱玲二十四岁，胡兰成三十八岁。

彼时，作为汪伪政府的宣传部次长、《中华日报》主笔的胡兰成，南京办公，一月回一趟上海并小住上八九天。他不回自己美丽园的家，而是常常径直赶到爱丁堡公寓，先去看望爱玲。两个人，每天缠绵在一起，是喁喁私语无尽时。摒弃掉冷艳气质，爱玲原是那“陌上游春赏花，亦不落情缘的一个人”，遇着他胡兰成亦是甘心洗手做羹汤的。而爱情的最初里，胡兰成亦不再是那百花丛中过的浪荡子，“晨出夜归只看张爱玲，两人伴在房里，男的废了耕，女的废了织，连同道出去游玩都不想”。

就如此，他们一个“一夜就郎宿”，一个“通宵语不息”。

爱，亦是可以贴景入心的。

时常，爱玲会穿那件“闻得见香气”的桃红单旗袍，因知兰成最爱她穿那双自庙会上买来的双凤绣花鞋，于是便总在与他独处相伴时穿着。

尽管，她明知兰成是那心性使然之人，会随波逐流，还是与他配了婚姻。她是倾其所有，铁了心去爱他了。虽然知道，他这种人从来都是没有未来的，但仍是信了他写的那纸婚书——“愿使岁月静好，现世安稳”。

可是，我最亲爱。世景早已荒芜，现世又如何获得安稳可言。

※

在不知道胡兰成为何方神圣时，我对这个人很好奇了一番。

小名蕊生的胡兰成，1906 年出生在浙江嵊县，家在距县城几十里的下北乡胡村。在他锦心绣口的文字中，亦知他的父亲慷慨达观，母亲贤良温和。祖父原是开茶叶店的，也曾阔过一阵子，不过到了父亲手里，因经营不善而倒闭了。后来，在别人的茶叶店里做伙计，却是无法维持一家的生计，长久下来亦是累欠了不少债。直到兰成后来做了“高官”，才算还清。

这样的家世，自是无法跟爱玲“煊赫旧家声”的贵族遗后比的。

后来看女作家宁宣笔端描述的他：“他确实丰姿特秀，他确实才华横溢。即便是晚年鬓也星星，仍然萧萧肃肃，爽朗清举。更何况那些金马玉堂、风流倜傥的岁月。”才觉他是为优秀。

也是，不然怎能入了爱玲的眼？

只可惜了，他是个不折不扣的情种。敏于世事的他，难免用情过于浮泛，爱得热烈，却无法专一，要的不过皆是那“此时语笑得人意，此时歌舞动人情”流水光阴罢了。

他自己，亦曾在那本名动世人眼眸的《山河岁月》里如此坦诚道：“我每回当大事，无论是兵败奔逃那样的大灾难，乃至洞房花烛、加官进宝，或见了绝世美人，三生石上惊艳，或见了一代英雄肝胆相照那样的大喜事，我皆会忽然有个解脱，回到了天地之初，像个无事人，且是个最无情的人。当着了这样的大事，我是把自己还给了天地，恰如个端正听话的小孩，顺以受命。”

初见爱玲，他即觉得她是那“陌上桑里的秦罗敷，羽林郎里的胡姬，不论对方怎样的动人，她亦只是好意，而不用情”的恬淡深静。女人，素来是他眼里的常客，然却未曾有一个女子可以若爱玲这般，让他如是形容，“刘备到孙夫人房里竟然胆怯，张爱玲房里亦像这样的有兵气”。真真是，今生还是头一回的。

恋爱中的人，常常会迷失掉自己。爱玲，却始终清醒，只是却未能做到内省。她明白，有人虽遇见怎样的好东西亦滴水不入，有人却像丝绵蘸着了胭脂，即刻渗开得一塌糊涂。

她错便在于此，知道爱得糊涂，却仍还拼尽心力一往情深地将一场糊涂渲染进行到底。

许是率性而为，许是爱得胆怯怕失去。她总不能够挑明了心里的那种怀疑的隔生，只兀自地沉浸在相处的时日里。她喜欢在房门外悄悄窥视兰成，甚觉“他一个人坐在沙发上，房里有金粉金沙深埋的宁静，外面风雨琳琅，漫山遍野都是今天”。

她常常会不自觉地静静地看着他，脸上写着不胜之喜，用手指抚他的眉毛，说：“你的眉毛。”抚到眼睛，说：“你的眼睛。”抚到嘴上，说：“你的嘴。你的嘴角这里的涡我喜欢。”

某一日，她突然叫他“兰成”，令兰成竟一时不知道如何答应。

因兰成总不当面叫她的名字，与人亦说是张爱玲，而今她要他叫“爱玲”，他自是十分无奈，只得叫一声：“爱玲”。话一出口，登时很狼狈，她亦听了诧异，道：“啊？”所谓对人如对花，虽日日相见，亦竟是新相知，何花娇欲语，你不禁想要叫她，但若当真叫了出来，又怕要惊动三世十方。

是如此。爱情里，他是玩世不恭惯了，即便遇着了令自己惊动不已的爱玲，他亦无法让自己收心的。对女人，从来他都是那“无论好歹，只怕没份”的贪嗔痴。而偏偏凡是他遇着的女子，皆似爱玲笔下的痴缠——“他是实在诱惑太多，顾不过来，一个眼不见，就会丢在脑后。还非得盯着他，简直需要提溜着两只乳房在他跟前晃”的实心且焦灼。

他，真是对谁都好。

唯，辜负了她爱玲。

夜间电台，常会放蔡琴那首婉转低沉的歌：“左三年，右三年，这一生见面有几天？横三年，竖三年，还不如不见面。”

每次听，我都会想起爱玲来。三年，于男子算不得久长，却于女子是如华年似水，彩云追月。

想他胡兰成三十八岁后的三年，给了一个年方二十四岁的女子。那女子，一生写下过许多的字，那些字皆能装载成册，传于后世，其中有部便叫作《传奇》。

这女子，即是她爱玲，乃他胡兰成笔下那“民国世界的临水照花人”。

※

兰成，当然深懂得爱玲。不然，他不会写出这样精髓的评价于她：“看她的文章，只觉她什么都晓得，其实她却世事经历得很少，但是这个时代的一切自会来与她有交涉，好像‘花来衫里，影落池中’。”

只可惜，他懂得却不知珍惜，不仅如此，还大大地负了她。

由于局势所迫，他不得不避难于温州。却，在那里跟一个叫小周的护士，一个叫秀美的寡妇纠缠在一起。

爱玲，起初是不信的，并且还效仿起前朝孟姜女千里寻夫的段子前往他在的温州城。然而可歌可泣，却到底是俗世的。经过一路的心事重重，见着兰成却只一句话说得出口：“我从诸暨丽水来，路上想着这是你走过的，及在船上望得见温州城了，想着你就在那里，这温州城就像含有宝珠在放光。”

她，对他的情深，真的是天地可见。

然，他给予她的回馈却是伤了身心的。

逗留温州期间，她独自住在一家小旅馆里，兰成白天来陪她，晚上却又去陪范秀美了。这样的相见，使得她备觉生分，即便是成日里伴在房里，亦是亲近里可见生分的。有时，双面四目相视，半晌没得一句话，忽听得窗外牛哞，面面相觑，诧异发呆。

一日，爱玲告诉兰成：“今晨你尚未来，我一人在房里，来了只乌鸦停在窗口，我心里念诵，你只管听着，我是不迷信的，但后来见它飞走了，我又很开心。”

敏感如她，是感时恨别，见鸟心惊了吧！

又一日，爱玲夸“情敌”秀美模样俊美，便要给她画像。秀美端坐着，爱玲疾笔如飞，兰成在一旁看。她勾了脸庞，画出眉眼鼻子，正待画嘴角，却突然画不下去了。

她也不解释，只是一脸凄然悲怆。

秀美走后，兰成一再追问缘由，半晌她才说：“我画着画着，只觉得她的眉眼神情，她的嘴，越来越像你，心里好不震动，一阵难受就再也画不下去了。”

爱情里，女子的敏锐度是仙性的，可预知洞察的。她爱玲，亦如此。她，已然察觉到他和她之间缠绵延掩的爱欲胶着。

于是，她决定跟兰成摊牌。她要兰成在她和秀美之间做个选择。

然，兰成的做法彻底伤了她，他对她这样说道：“若选择，不但于你是委屈，亦对不起小周。人世迢迢如岁月，但是无嫌猜，按不上取舍的话。而昔人说修边幅，人生的烂漫而庄严，实在是连修边幅这样的余事末节，亦一般如天命不可移易。”

她失望至极，心力交瘁之下，叹了口气，自伤自怜道："你到底是不肯。我想过，我倘使不得不离开你，亦不致寻短见，亦不能够再爱别人，我将只是萎谢了。"

翌日，她便决定走了。兰成打着伞到码头送她，雨水混淆着泪水，将过往那些欲仙欲死的爱境全然冲刷殆尽。

他们的爱之鹊巢，至此人去楼空。

不几日，她寄钱给他，并附信言道："那天船将开时，你回岸上去了，我一人在雨中撑伞在船舷边，对着滔滔黄浪，伫立涕泣久之。"所言情爱于他，也就这么多了。

从此，她的爱，是了那风雨飘摇后的繁花，只落得残红遍野，不再是那绮月光明，再对着他一人言了。

无牵无碍，亦好。于他这个风流至极没品的浪荡子。

张爱玲就是张爱玲，断情断爱亦是可以如此大气壮阔的。不过，兰成却不曾有这般的干脆。

诀别后，他还极力想通过爱玲的挚友炎樱从中缓和关系，以修再好。他声情并茂地去信跟炎樱说："爱玲是美貌佳人红灯坐，而你如映在她窗纸上的梅花，我今唯托梅花以陈辞。佛经里有阿修罗，采四天下花，于海酿酒不成，我有时亦如此惊怅自失。又《聊斋》里香玉泫然曰：'妾昔花之神，故凝今是花之魂，故虚，君日以一杯水溉其根株，妾当得活。明年此时报君恩。’年来我变得不像往常，亦唯冀爱玲以一杯水溉其根株耳，然又如何可言耶？”

怜爱爱玲的炎樱，没有去搭理他，爱玲亦是“我觉得要渐渐地不认识你了”地与之隔开。

“我素来最敬爱玲灵性绝世，情感上拿捏得当，痛也不多言的豁达清冷的性子，知道人生如朝露，缘分来时欢短，去日无多，豪宴一场也难免散场。”安意如，曾如是写过。

爱玲自己亦如是说过：“一个历尽苍凉与浮华的男人的话语，有些无奈，有些深刻，有些狡黠。”经此一遭，她已然不能够容忍得了一个男子的轻薄浅短。哪怕，还爱着，抑或深爱着。

诚然，女子再是八面玲珑，若是逢不着一个体己贴心的男子，都是顶顶悲凉的事。

曾经，爱玲在《倾城之恋》中如是写道：“在不可理喻的世界里，谁知道什么是因，什么是果？谁能知道呢？也许就是为了成全她，一个大都市倾覆了……是啊，一个动乱的时代，也成全了她短暂又持久的辉煌！这本身就够惊心。”

只是，未曾有谁可以成全她和兰成的那段短暂的爱恋。

曾经，胡兰成说过如是信誓旦旦的情话：“我必定逃得过，唯头两年里要改姓换名，将来与你隔了银河亦必定找得见。”爱玲亦回应得言笑晏晏：“那时你变姓名，可叫张牵，又或叫张招，天涯地角有我在牵你招你。”

不过，言犹在耳，他们这一对乱世鸳俦，终是难成眷侣。独自归去的路上，各自瘦影在地。

平原绵邈，山河浩荡，他纵能平视王侯，亦是无法仰止她那正大仙容。

而我只记得，他胡兰成说张爱玲“愁艳幽邃，最是亮烈难犯，而又柔肠欲绝”。

※

上海女作家淳子，是写爱玲最入我心的，她在《张爱玲地图》中曾如是写过：“我去寻访张爱玲住过的房子，因为实在是相信，那里依然存了她的气息，她的点点胭脂红和她的魂灵的。”

是的，上海这座风华绝代的城，之于爱玲，是为一个长身玉立的女子，早已将她的气息浓郁深掩于体内，并于时日久长里，成了那霭霭红尘里的一抹沉香屑。“风住尘香花已尽”，她这抹沉香亦早已被镌刻进历史的掌心窝，任谁洗千百遍，亦只是浅淡了，却仍还在那里。

且看，她张爱玲，百年之后，仍端的是那最美的佳人，最傲然的贵族。

爱玲出生于“三不管”上海租界的张公馆内，降生时已是老话里“富不过三代”的衰败光景，乃是这个世宦贵胄家族最后的绝唱。

作为晚清权倾朝野的李鸿章的曾外孙女，自是很好地承袭了李姓贵族的血统。连胡兰成都如此说："爱玲是其人如天，所以她的格物致知我终难及"的不显山不露水，底子里该是还念着她祖母的四句诗"四十明朝过，犹为世网萦。蹉跎慕容色，煊赫旧家声"的。

也是，便是破落了，她依然有资格高瞻世态，睥睨人间。

人生于爱玲，素来都是"撞破了头，血溅到扇子上，就在这上面略加点染成为一枝桃花"的哀艳孤绝。

胡兰成亦说："和她相处，总觉得她是贵族。其实她是清苦到自己上街买菜。然而站在她跟前，就是最豪华的人也会感受威胁，看出自己的寒碜，不过是暴发户。这绝不是因为她有着传统的贵族的血液，却是她的放恣的才华与爱悦自己，作为她的这种贵族的气氛的。"

确实如此，她是活得努力的女子，即便遭遇伤害疼痛，也是不肯就此虚度光阴好年华的。哪怕，亦觉得"生命是一袭华美的袍，爬满了蚤子"，也要坚强示威于人的。

从来，她都活得通明洞达，明白取舍，亦努力自我，她从不避讳自己爱财，言说："我喜欢钱，因为我没吃过钱的苦，不知道钱的坏处，只知道钱的好处。"亦率性而言，说出那"出名要趁早呀，来得太晚，快乐也不那么痛快”。对周围的人世风景，她从来只是立于一旁俯视众生六相，深知“时代是仓促的，已经在破坏中，还有更大的破坏的要求。有一天我们的文明，不论是升华还是浮华，都要成为过去”。

她的文字，更是将她的这种态度给予淋漓尽致表达：“只言片语，看似漫不经心信手拈来，却字字珠玑如流光璀璨中夹带着绝望的气息，迫得人喘不过气来，疼得捂着胸口弯下身，蹲在地上，有暖风轻荡，而我们的世界突然冰天白雪。隔岸的爱玲犹如穿了几百斤的盔甲，一个人走了那么久，一个热烈的招呼扔过去，吹恨入沧海。”

再如她的着装，从来都是素如自我。唯美时雷霆万钧，玲珑时万里无云，既有着“贵族之后”的华丽雍容，又有着“自食其力小市民”的通达俗媚。在那个难以想象的20世纪40年代的天空下，唯有她爱玲才敢于将服饰表达如此，大胆而性感；唯有她敢于不顾世俗以自己独特的对美的感知与追求，装扮着一个亦真亦幻、多彩多姿独我的张爱玲。

诚然，旗袍是为清瘦女子的绝佳诠释，穿起来侧身不过一个巴掌般薄厚，盈盈一握全然是要滑进怀里的无骨柔弱。可那柔弱却乃是骨子里藏着一股傲情的，外表温良却是内心坚毅的。

喜着旗袍的爱玲，是与她一生的自我追求有关，无论爱情还是事业，从来都不问缘由，不问经历的，既跨越了时间和空间，亦超越了阶级与信仰。她就这样游刃于大俗与大雅之间，裹挟着自我的光辉才情，维系着她对服装、个性与生活的坚持，享受于绚烂光华的孤独之中。

据说，她离世前最后一件衣裳，亦是一件磨破衣领的赭红色旗袍，犹如她那曾经绚烂一时竟而却平和闲淡的一生。

或者，张爱玲自是张爱玲，摩登也好，寂寥也罢，面对世人，何惧之有？

亦也许，做最好的自己，是她的锦言箴句。

她不问尘事，不媚俗于世相，始终若那伶仃寡傲的宋徽宗瘦金体，于那浮生一片的叱咤嫣红、纸醉金迷中，兀自高贵静默着。她虽吃五谷杂粮，着明黄的宽袍大袖，却又不谙红尘雾霭，只与那清风晓月共婵娟。丧乱的国度，离乱的家庭，她便用她那“少年诗赋动江关”的天性文字排遣落落大方的才情，从而寻觅出一世艳而不悲之美。

就连素来傲然于人的李碧华，都如是盛誉她：“张爱玲三个字，当中粉红骇绿。影响大半个世纪。是一口任由各界人士四方君子尽情来掏的古井，大方得很，又放心得很——再怎么掏，都超越不了。但，各个掏古井的人，却又互相看不起，窃笑人家没有自己‘真正’领略她的好处，不够了解。除了古井，张还是紫禁城里头出租的龙袍凤冠，狐假虎威中的虎，藕断丝连中的藕，炼石补天中的石，群蚁附膻中的膻，闻鸡起舞中的鸡，鹤立鸡群中的鹤……”

我想，对于这样的爱玲，应有万千人若我这般始终怀着一份“高山仰止，景行行止，虽不能至，然心之向往”之情神往于她的。

## 温暖你

文笔最冷艳的李碧华，曾如是形容过爱玲：

是紫禁城里头的出租龙袍戏服，花数元人民币租来拍个照，有些好看，有些不好看。她还是狐假虎威中的虎，藕断丝连中的藕，炼石补天中的石，群蚁附膻中的膻，闻鸡起舞中的鸡——文坛寂寞得恐怖，只出一位这样的女子。

于我看，爱玲是爱自己的最好楷模。

虽然阅看她的过往种种，会心生凉意凄恻之感；尽管她这般自强自立，自身资质又那般的高贵，亦会因爱因情而被伤得遍体鳞伤。但是，她勇敢、独立，知道如何爱自己的坚韧，绝对是现代女性的楷模——她的生活虽不似看见的圆满幸福，却也是自给自足地安然着的。

身为女子，要学会爱自己，宠自己。因为，这世间若是有一个人任何时候都不会背弃你，也就只有你自己。爱自己，多一点阳光灿烂、少一点烟雨凄迷，即使有一天当爱人飘然远去，也能够学会自己独立，勇敢地做最好的自己。

像爱玲这个奇女子一般。

# 倾谈八 陆小曼

## 女神必先为女人

她不是烟花，却比烟花寂寞三分；
她不是玫瑰，却比玫瑰动人无许。
她是一汪碧海，透明澄净又深广难测；
她是 20 世纪流动的瑰丽诗篇，
历经劫难，却未曾就此萎靡而衰。
民国女神，她绝对称之无愧，
然女神背后的头衔是女人，
是烟视媚行的女人，自妩媚与温柔着。

## 导语

20世纪20年代，京城还叫作北平。彼时，有两位风华绝代的名媛魅然于此。她们是，兼美貌与才情于一身的林徽因和陆小曼。

较之徽因，小曼更具女神范儿。因为，她是一个妖娆的女子，有烟视媚行的魅惑，可撩拨所有的男子情欲喷张，甘愿拜服在她的石榴裙之下。她，亦更勇敢，多情，敢爱敢恨，无所畏惧。

由此，她这个女子，便也迎来了是非诟病，而备受争议。

她的人生，是为以鲜花铺地开始，以是非缠身为继，以凄凉寂寞告终；她的一生，是为经历过名噪一时的光华和热闹，亦享受过奢华富贵及万千宠爱，然而也曾饱受过诟病冷眼，并为此孤苦寂寞着。

很多人，知她陆小曼，皆是因了大诗人徐志摩，以及那段闹得满城风雨的情事。她，亦因此而被烙下了红颜祸水的诟，说什么她毁了徐志摩，说什么徐志摩的死，全然与她有着莫大的干系。

不过，真正的名媛是有深度的，不肤浅的，她任由大家的揣度甚而诽谤，并不做解释，亦不辩解任何，而是，在志摩死后的日子里，素衣玄服，再不出入任何社交场所。

慢慢地，她即被淡出交际圈，且日渐被人们遗忘了。

在许多人的眼中，“名媛”大概是这个世上最最幸福的职业了吧。不用朝九晚五地混职场，亦不必锱铢必较操持家，只要装扮得优雅得体，待人接物雍容大方，懂一两门外语，会一两项才艺，便能在社交场合呼风唤雨，收获爱慕与掌声。

然而，有谁知，锻造出一个女神名媛范儿，是要付出更多的。“南唐北陆”的称谓，哪是唾手可得的。要知道，她小曼自小就是被按照“名媛范儿”来培养的。

父亲陆定，早年间毕业于早稻田大学，是日本首相伊藤博文的得意门生，时任民国财政部司长和赋税司长多年，还是中华储蓄银行的主要创办人；母亲吴曼华亦是名门之后，多才多艺，既善工笔画，又有深厚的古文基础。作为陆家唯一的孩子，小曼自是被灌输了最好的教育：她精通英文、法文，能弹钢琴，长于油画，后来还师从刘海粟、陈半丁、贺天健等名家学国画。

除此之外，最瞩目的是她还长了一张美丽的脸庞。

她，是被注定的名媛，被注定的女神，被注定的妖娆万千的女子。因而，她断然受不了和志摩在上海的那饥一顿饱一顿的生活之窘迫。在她的概念里，繁华的不只是上海，繁华的还有她的生活。

这，也许是她和志摩那最后悲剧的源头。

※

十四岁剃度，旋即入主布达拉宫的六世达赖仓央嘉措，曾写下过这般抵死缠绵的句子："东山崔嵬不可登，绝顶高天明月生，红颜又惹相思苦，此心独忆是卿卿。愿与卿结百年好，不惜金屋备藏娇。一似碧渊水晶宫，储得珍稀与奇宝。"

这个，生于茫茫雪域高原，长于天籁中的情窦初开的少年，不迷恋世位，反倒只执迷于"那一世，转山转水转佛塔，不为修来生，只为途中与你相见"的爱欲红尘。

只可惜，却阴差阳错地做了那转世的灵童。

虽尘缘之心未了，亦柔情似水，然皇权深重，如来宿命，如何才能以那一己之力做到"曾虑多情损梵行，入山又恐别倾城，世间安得双全法，不负如来不负卿"呢？

从来眼睛与心情都不属于布达拉宫的少年，无法去选择爱之自由却注定要背叛。于是，他常常于那“月上柳梢头”时，微服私会那些个酒肆里的寻常女子。

情爱，许就是这般让人无法割舍缠绵为之吧！

譬如，那个民国时期的她和志摩。

她，是诗人志摩如花妙笔下那朵最为珍稀的异卉；亦是诗人志摩嘴里的“小龙”，隔了千里寄绸缎于她。

世人亦知道，她还是王庚、翁瑞午眼里的舞低杨柳、镂心月空的风娇水媚的女神。无论距离多远，对他们而言都是有一种诱惑在的，不是诱惑于美丽，就是诱惑于传说。

她，真是“像一朵高爽的葵花，对着和暖的阳光一瓣瓣地展露她的秘密”，美好得似佛前明镜里生出的一朵烟花，袅袅红尘外。她虽不比林徽因秀，亦不比张幼仪端，然而，她却是凭借着自己的魅力沾染尽女神的样子。

著名海派作家程乃珊曾由是说过：“称为‘名媛’，绝对讲究阶级讲究出身。她们既有血统纯真的族谱，更有全面的后天中西文化调理：她们都持有著名女子学校的文凭，家庭的名师中既有前朝的遗老遗少举人学士，也有举止优雅的英国或俄国没落贵族的夫人；她们讲英文，又读诗词；学跳舞钢琴，又习京昆山水画；她们动可以飞车、骑马、打网球、玩女子棒球甚至开飞机……

静可以舞文弄墨、弹琴、练瑜伽……”

女神小曼，就是这样一位女子。

小曼，出生于1903年农历九月十九日，上海南市孔家弄。恰巧比张幼仪小三岁，比林徽因大一岁，是为生的肌肤白皙、眉清目秀、机灵聪明，更为陆家的掌上明珠。因为，小曼的母亲曾生育过九个孩子，却都不幸先后在幼年和青年时逝去，唯只剩了小曼一人。

然而，集父母宠爱于一身的小曼，却并没有因此傲娇，而乃是亦舒笔下那“真正有气质的淑女，从不炫耀她所拥有的一切”；是个从“不告诉人她读过什么书，去过什么地方，有多少件衣裳，买过什么珠宝，没有自卑感”的女子。

真正的女神，是都不知傲娇为何物的。

她，堪称一代才女，亦系出名门，与她同时代的名媛闺秀们一般皆有着那“煊赫家声”的。

作为陆家唯一的孩子，小曼接受了最好的教育，七岁即进入到北京女子师范大学附属小学，九岁进入到北京女中，十六岁上了圣心学堂。好的教育，锻造了她优质的涵养，她不仅精通英文、法文，还能弹钢琴，并长于油画，后来还师从刘海粟、陈半丁、贺天健等名家学国画。

诸如这些，还不可以证明到她的女神特质。

她真正的女神范儿在于“她虽生于富贵，却不慕富贵，她最重的是真情。她豪爽意气，不追名逐利。她个性鲜明，真诚待人。她我行我素，自由自在，最重个体生命的自由，重自我感受。如果生在现代社会，身体又能做主，说不定她还是一个敢于叛逆的女权主义者。她的过错和不幸是不见于当时的社会伦理，不见于传统社会对女性角色的规定的个性使然”。

正是她的这般特质，使那“不管天高地厚，人死我亡，势非至于将全宇宙都烧成赤地”的浪漫主义诗人徐志摩为卿“尝闻倾国与倾城，翻使周郎受重名”地痴狂疯癫着。

于诗人，她一直是那诱惑迷恋的所在。

※

在上海，那一身身摇曳多姿的旗袍、一颗颗敏感爱着的心与一段段缠绵悱恻的故事，是组成了上海弄堂那特有的“良辰美景”。

曾经的马尼拉路与巨籁达路之间的弄堂里，就上演过小曼和志摩的爱的“良辰美景”。在那幢两层尖顶的哥特式风格洋楼里，小曼和志摩曾度过了他们在一起的岁月。

只是岁月静好里，他们的爱情里有了喑哑的存在。

在那些个有着无数烟絮与灰尘曼舞，被镂木花格间漏下的一缕一缕的阳光的午后，吸食着鸦片的烟雾美人小曼，会在胭脂色的光晕里唱那薄醉一般娇软的昆曲，脸上是那些个腮晕潮红，及羞娥凝绿的憔悴。

他们婚后，生活在小曼喜欢的上海。然而置身于素有“东方巴黎”之称的上海法租界，小曼的生活渐渐趋于奢侈。她开始耽于享乐，讲究排场，还沉迷于鸦片，因此，她和志摩之间的爱情，逐渐失去婚前那种“与君相知，长命无绝衰”的深情厚爱了。

想起如花和十二少来了。

“你会不会帮淑贤戴耳环？”

“会，我还会帮她掏耳朵，一边儿掏一边儿想你。”

“你会不会帮淑贤穿旗袍？”

“会，我还会帮她扣鸳鸯扣，不过一边儿扣一边儿想你。”

只是，志摩本就不是那《胭脂扣》中的十二少，因而，小曼亦不会是那为个男人吞尽鸦片的如花。

钱钟书先生如是说过：“真正聪明的女子从不把自己打扮成才女的样子。”

或许，小曼早就深懂，作为女神必先作为女人，必定好好爱惜自己，才端的是那盈盈一笑，自是海棠标韵的。

只是，世间事哪全是可任由自己的。

就像她最早跟王赓的那段情缘一般。所经相伴岁月，皆有那定数在的。

年方十九，她便风光地嫁给时年前途无量的优秀青年王赓。然而他们的婚姻生活却并不愉快，蜜月过后不久，小曼就倦了、厌了。有文字曾如是精准地形容过她的那段生活：

“王赓对小曼是很宠爱的，但是，他像一个大哥哥哄小妹妹那样，爱护有余，而温情不足，小曼对他自然是敬多而爱少。这一对夫妇，实际上有点封建包办，因此，虽新婚不久，但在夫妇的形式下，中间空白不少。后来，王赓被任命为哈尔滨警察局长，小曼不愿去东北，仍住在娘家，因此感情上更加淡漠了。双方都深知这点，但由于都讲究品德和信守，暂时还是相安无事的。”

小曼自己也是在日记中，将那不爱怨尤的情绪袒露在字里行间：“其实我不羡富贵，也不慕荣华，我只要一个安乐的家庭，如心的伴侣，谁知连这一点要求都不能得到，只落得终日里孤单的，有话都没有人能讲，每天只是强自欢笑地在人群里混。”

就是在此时，浪漫诗人志摩出现了，并为小曼和王赓已岌岌可危的婚姻鸣起了爱的丧钟。

他们，相识于一个交际场所，一个偶然的机会里。他们，皆是跳舞能手，一曲爵士乐响起，他们就欣然起舞，并跳个不停。

时年，曾见证了他们这一幕的郁达夫的妻子王映霞，如是写道：“他熟练的步伐，优美的姿态，使舞池里的其他男士显得‘六宫粉黛无颜色’。他们两个，一个是窈窕淑女，情意绵绵；一个是江南才子，风度翩翩；一个是朵含露玫瑰，一个是抒情的新诗，干柴碰上烈火，怎么会不迸发出爱情的火花？”

又因，志摩和王赓本就是好友，于是，时常和他们夫妇相携于北京西山同赏红叶，抑或是到“来今雨轩”品茗畅谈。小曼自是对志摩这样一位才情横溢的诗人敬仰得紧，因而时常向他请教些文艺上的事，倒很纯真，全无私情与奸杂之心。

王赓因了公务缠身，不能时刻伴着小曼出游，于是便邀好友志摩代劳。起初，志摩也是出于友情难却，后加之对小曼印象极好，便乐于充其任了。

两个人，相处日久里，便渐渐靠拢了两颗心。

而彼时，志摩正因“精神之爱”林徽因与“准夫婿”梁思成共赴美国求学而濒临枯槁的心，就此有了将之眼泪与灰心渐渐化成了愉悦与希望。

由此，一段万众瞩目的惊天爱情就此拉开了序幕；一段香艳的关乎一对才子佳人的飞短流长就此蔓延开来。

“于千万人之中，遇见你要遇见的人。于千万年之中，时间无涯的荒野里，没有早一步，也没有迟一步”，爱玲写过的最美的句子，搁在他们两个人的身上，也是有着华光在的。

小曼向着志摩倾诉道：“从前，她只是为别人而活，从没有自己的生活，她的生活都是别人安排好的，是别人要的，不是她要的。王赓是父母看上的，是他们押的宝。她生活在牢笼中，生活在铜墙铁壁中，生活在张开的大网中，几乎窒息得出不上气来，可是没人理解她，也没有理睬她的感受。”

志摩则将小曼作为自己创作诗歌的源泉：“我的诗魂的滋养全得靠你，你得抱着我的诗魂像母亲抱孩子似的，他冷了你得给他穿，他饿了你得喂他食——有你的爱他就不愁饿不怕冻，有你的爱他就有命。”

爱情如星，情欲如火。

他们两个，在时间的等待里，有了冲破一切都要在一起的决绝的力量。

小曼如是说：“一声声像钢铁锥子刺着我的心，愤、慨、恨、急的各种情绪就像潮水似的涌上了胸头；那时我就觉得什么都不怕，勇气像天一般的高，只要你一句话出口，什么事我都干！为你我抛弃一切，只是本分为你我，还顾得什么性命与名誉。”

志摩则说出：“弱水三千我只取她那一瓢饮。北京城里的千金小姐千千万，我非她不娶。”

陷入爱情的人，总是容易拼命向着温暖靠近的，而不顾被灼伤的危险。

小曼和志摩，亦如是。

为了爱小曼，志摩说过“别说得罪人，到必要时天地都得捣烂他哪”！并写下了那首决绝慷慨激越的诗：

这是一个懦怯的世界

容不得恋爱，容不得恋爱

披散你的满头发

赤露你的一双脚

跟着我来，我的恋爱

抛弃这个世界

殉我们的恋爱

我拉着你的手

爱，你跟着我走

听凭荆棘把我们的脚心刺透

听凭冰雹劈破我们的头

你跟着我走

我拉着你的手

逃出了牢笼

恢复我们的自由

——徐志摩《这是一个懦弱的世界》

彼时，于他的眼里，小曼是那“一个最美最纯洁最可爱的灵魂”；于他眼里她最含情凝睇不过，最柔情绰态不过，最能“做我的伴侣，给我安稳，给我快乐”。

如是，他为了这段爱情的自由而竭力抗争着。

结果，皇天不负有心人，两人终毅然决然走到了一起。

只是，他和小曼，谁都没想过“婚姻是爱情的坟墓”。

在婚姻的围城里，他们来之不易的爱情，亦也成了那满是油腻的阳春白雪，狠命擦是擦去了，可那一道道渗入缝隙的腻子算是在灶壁上生了根。

※

生得“流风之回雪，轻云之蔽日”的小曼，在人影衣香、花光酒气中恍如一朵出水柔葩，渐渐成了上海滩一众达官显贵、纨绔阔佬的追逐对象，于此，她便也日日沉迷于歌厅舞榭，过着盛服浓妆、红唇软吻、曼舞微醺的糜烂夜生活。

彼时的小曼，俨然已是上海滩社交场所的风云人物。

不得不感慨，夜上海作为染缸的巨大效力是永不能被忽略的，任何一个沉醉其中的人都会感受到那令人不能自拔的魔力。

譬如，小曼。

她开始变得娇慵、懒惰、贪玩，浑然没了当初恋爱时的激情。她每日近中午起床，时常要在洗澡间里摸弄个把小时，方才吃饭。下午作画、写信、会客。晚上大半是跳舞、打牌、听戏。她还常常去借马路边书摊上的小人书看，聊以消磨时光。而从来都忽略掉一度疲惫地辗转国内外，为多求一些收入，到处兼课之外还转手古董字画、做房地产掮客的志摩。

渐渐地，志摩便经受不住小曼这种奢靡浮华的物欲生活。他们之间，开始有了争吵。久长里，争吵愈来愈烈、愈来愈多。

终于，在那个深秋，小曼与刚从北京回返的志摩发生那场无法挽回的争执，盛怒之下，她更是过分地抓起为治疗心口疼而染上烟瘾的烟枪，扔向了她这辈子唯一深爱过的男人。

这一次，这个男人彻底地绝望了，“挥一挥衣袖，不带走一片云彩”地转身离去。

就此，这次的离别，成了一场佳偶难成的天人永隔。

志摩，与那失事的飞机一起飘向了无垠的天堂，用最不可思议的方式告别了他的传奇与他的那些个爱过、伤过、负过、怨过、恨过的红颜。

而小曼此刻才真正幡然醒悟，内心真正懊悔起来。

她，为此，哭得梨花带雨，哭得蝉露秋枝，哭得痛彻心扉，哭得感天动地。她写《哭摩》写得也最感人心扉，入了骨髓地让人跟随着她痛，跟随着她疼。

“我深信世界上怕没有可以描写得出我现在心中如何悲痛的一支笔。不要说我自己这支轻易也不能动的一支。可是除此我更无可以泄我满怀伤怨的心的机会了，我希望摩的灵魂也来帮我一帮，苍天给我这一霹雳直打得我满身麻木得连哭都哭不出来，浑身只是一阵阵地麻木。几日的昏沉直到今天才醒过来，知道你是真的与我永别了。摩！慢说是你，就怕是苍天也不能知道我现在心中是如何的疼痛，如何的悲伤！从前听人说起‘心痛’，我老笑他们虚伪，我想人的心怎么觉得痛，这不过说说好玩而已，谁知道我今天才真的尝着这一阵阵心中绞痛似的味儿了。你知道么？曾记得当初我只要稍有不适即有你声声地在旁慰问，咳，如今我即使是痛死也再没有你来低声下气的慰问了。摩，你是不是真的忍心永远地抛弃我了么？你从前不是说你我最后的呼吸也须要连在一起才不负你我相爱之情么？你为什么不早些告诉我是要飞去呢？直到如今我还是不信你真的是飞了，我还是在这儿天天盼着你回来陪我呢，你快点将未了的事情办一下，来同我一同去到云外悠游去吧，你不要一个人在外逍遥，忘记了闺中还有我等着呢！”

这一年，小曼还不到三十岁。

一夜间，她终读懂卓文君《白头吟》里那片“愿得一心人，白头不相离”的悲苦感念。

她，洗尽铅华。

开始整理志摩的《眉轩琐语》，并为整理编辑《志摩全集》而倾尽了心力；开始将她的才华应用于绘画，不再埋没自己在志摩口中“小曼若能奋进，谁不低头”的天赋。

从此，振作精神、痛下决心：“我一定做一个你一向希望我所能成的一种人，我决心做人，我决心做一点认真的事业。”

她，亦于每年清明时分，独自一人前往硖石老家为志摩扫墓，归来作诗云：“肠断从琴感未消，此心久已寄云峤；年来更识荒寒味，写到湖山总寂寥。”

这样清寡的小曼，让我想起安妮宝贝说过的话：“爱里面有久多贪恋绞着，所以会有离散。若从爱到无爱，这感情却是更有担当。”

他离去后，小曼，终是不再“小轩窗，正梳妆”，不再披红着绿。

而是为那，“多少前尘成噩梦，五载哀欢，匆匆永诀，天道复奚论，欲死未能因母老；万千别恨向谁言，一身愁病，渺渺离魂，人间应不久，遗文编就答君心”[①]。

后来的岁月里，她拖着一身病体，洗尽铅华，婉谢一切游宴交际，素服终生向着天国的他致爱一生。

做了个真正婚姻里的他希望的完美女人。

在走过了那段被看被赏的“风景”岁月，开始让“风景”都出自自己的笔底心胸。成了真正的令人钦佩的女神。

---

① 此为陆小曼致徐志摩的挽联。——编者注

温暖你

娇好的容颜，迷人的举止，含羞的谈吐，以及矜持的娇作，成就了小曼“南唐北陆”的女神地位。然而，她真正撑起女神这个头衔，还是志摩离世后，她独自仰赖着自己的才情，在文字间，在山水画中，成就自己的人生圆满里。

曾经，她的如戏人生里，也曾一败涂地，谩骂与争议亦从未从她的身上远离。然而，她的自我坚韧及努力，让她很棒地活成了一株昙花，美丽无须每个人都懂。深懂的人，自是会懂得的。

也是。世道从来如此，麻木从众的人，淹没人海；活出自我的人，才可成了传奇！

如小曼。

无论曾经如何一败涂地，终还因着活得够努力，而成了真正的令人仰止的女神！

# 倾谈❾林徽因

# 真正的美人熬得过岁月

她，是传奇；

隔着如许烟波岁月，

隔着那些男子的深情，

美成书页中的一个剪影。

她，是真正的美人；

出众的才，倾城的貌，

是千百年才只此一个的才貌双全的女子。

可耐得住学术的清冷和寂寞，

亦可受得了生活的艰辛及贫困。

聪颖、美丽、坚韧，成就了她绚烂的一生。

## 导语

岁月铺陈，独有她可以美成一个侧影，一幅画。

她，叫林徽因。是最令人仰望的民国女子。隐含的奢华，明静的优雅，静谧的吸引，她的才情、美貌、智慧、能力，是再过多少年都会是令万千女子心间膜拜的女神的模样。

看过最好的形容之，“立在一处，便似深谷中一朵自开谢的白兰。极惹目。是美人，是才女。因此，众人看过去，仿佛世间种种好处一时间都落在她身上。”

诚然如此，回望她的一生，无论才情、容貌、际遇，哪一样不是让世人称道的。生于杭州一个贵胄世家，自是华美地长大；被三个至为优秀的男子深爱，却可在其间爱得清醒，爱得内省。

也正是这份洞明的对爱的认知，使得她获得了这世间最美好的爱情。无论是爱过的、嫁过的、轻过的，在这些爱情里，她都皆若一棵莲，获得了最纯净的爱之馈予。这世间女子，多会容易被情伤，不是伤心，就是伤身，唯独她，可以获得那般丰盈的爱，而且还是三个男人的——

梁思成对她呵护体贴，理解与欣赏，他们一生相濡以沫；徐志摩视她为诗意的源泉，情感的梦幻，深情地始终等待着她的归来，为听她的演讲终魂归蓝天；金岳霖则为她固守柏拉图式爱情，终身未娶，一生与其相伴为邻，痴心不改地守候她一世。

多么幸运之，一生皆沐浴在爱情的春风里。

事实上，正是有这些爱之暖情，让她在杳渺的光阴里活得知足，活得丰盈。

是为女子。她亦真是活得漂亮的最佳楷模。

所以，多年来，

——就有人将她视为中国知识阶层男人们的红颜知己；

就有那么多的女子幻想成为她；

就有女子当如林徽因的佳话。

※

在她离去多年后，她的名字，如飞花柳絮般渐入了世人的眼。关于她的传说，亦多了起来。

人们传说着，她不同寻常的家世学识；传说着她的美貌、才情、爱情；传说着她半个世纪前对一座古城的痴迷及眷恋。世人更多万千烟霞笔墨将她华美描述：比如，“世间女子，独她最好”；比如，“她很美丽，很有才气”；比如，“绝顶聪明的小姐，聪慧绝伦的艺术家”，如是等等。

如此的描绘，诚然让她显得那般与众不同。仿佛是世间不会有这样的女子，但她又真实存在着。

是的。她是个例外，是个独好的，世间只此她一人的。

时常，我们需要借助一个男人的光线，才可看到他背后那个耀眼的女子，但是对于从民国时代走来的文艺女青年林徽因却非如此。因为，反而是从她的身上折射着无许优秀男子的光芒，譬如梁启超、胡适、梁思成、徐志摩、金岳霖、费正清、沈从文、张奚若……是她反过来为这些散发着光芒的男人增添了光彩。透过时间的光影，间或我们可瞥见她的衣袂飘动。而她，亦与他们终生保持着或父或兄、或亲或友的深厚情感。

这样的女子，绝然是拥有浓浓女神范的。

事实上，就如今她仰仗着这身与生俱来的女神范，依然拥有着众多的追随者。试想，这尘世间究竟有多少女子以其为膜拜，以其为楷模。凡是在女子面前提及她的名字，皆会露出艳羡表情来表达她的。

所谓女神，就是具备如此魅力。

不同于同时期的爱玲，以文字魅惑世人眼眸，她是以其身世个性而传奇于世的。光阴如华，流逝的时光之水，也是无法冲洗掉她的传世风华的。反而，是更加的迷人，令人追寻不已。

她，曾旅英留美，深得东西方艺术之真谛；她，兼具中西之美，既秉有名媛之风度，又具备独立精神。在那时北京的文化圈子里，她是一直以才貌双全而名动全城的。另，因着徐志摩的文学指引，她那一手音韵极美的新诗得以流传开来，并因此成为了一位人人景仰的才华横溢的女作家。也因此，在她的身边聚集了一大批的时年中国的第一流文化学者，而她就此还成了一个高级文化沙龙的女主人。

这样的女子，美丽和爱情一直是她的聚焦点。

曾经，金岳霖赋美她“林下美人”的称号，便被她愤愤反驳道：“什么美人不美人的，好像一个女人就没有什么事可做，只配做摆设似的！我还有好多事儿要做！”

也是，她的美好，不全然关于美貌。摒弃掉美貌，她的才情绝然是高于那时期的好些个名媛女子。且她的才情是多方面的。少女时代起，她便是一位颇有名气的诗人，同时还涉入好多领域，比如翻译西方文学、创作剧本、发表小说；最最令人刮目相看她这个小女子的是，她在建筑界亦颇有卓越的建树。谁能想到，她一个柔弱的女子，穿着旗袍的优雅女子，卷起袖子就可以绘图设计新房舍。更甚的是，她骡子骑得，鸡毛小店住得，更还不顾重病在身，经常颠簸在穷乡僻壤、荒山野岭，在荒寺古庙、危梁陡拱中考察研究中国古建筑。

这样的她，不愧被称为“民国第一才女”。

秀外慧中，多才多艺。这样将此集于一身的女子，到底是怎样的一个女子呢？在她背后涌动着的到底又是怎样的情缘纠葛缠绵悱恻呢？

且，请君继续看。

并用一颗柔然的真心，惬意地看下去。

※

徽因，祖籍福建，1904 年出生在杭州。

这是一个显赫富足的官宦世家。祖父是林孝恂，进士出身，历官浙江金华、孝丰等地；父亲林长民，毕业于日本早稻田大学，善诗文，工书法，曾任北洋政府司法总长等职。他是一位清末民初活跃的政治家，亦是一位侠骨柔肠的父亲。祖母游氏，更是一位端庄贤淑的美丽女子，是为典雅，是为高贵。

这样的优质儒雅的血统，徽因端的是给沿袭了来，因而她才拥有了那让万千世人赞誉的斐然才情及那绝代风华的容颜。

是她一落地，便注定会成为那个时代最倾城、倾国的才情女子的。

虽为女孩，但是她那粉雕玉琢的小脸蛋儿瞬时就征服了他们家的大人。在一片唏嘘中，亦欢愉如许，祖父林孝恂更是高兴地从诗经《大雅·思齐》里采了“大姒嗣徽音，则百斯男”[①] 的句意，给她取了“徽音”这个美丽的名字。后来，为避免与当时一男性作者林微音相混，徽因自己从 1934 年起改为林徽因。

---

① 大姒即太姒，周文王的妃子；嗣即继承；徽即美，音即声誉，徽音即美誉、美德。百斯男即百男，极言生子之多。全句的意思为：太姒继承太任、太姜的美德，必能多生儿子。——编者注

不过，得万千宠爱的徽因的童年并不快乐。

这是因为，自己的母亲未曾能够给林家生个男孩，而被父亲冷落的缘故。为了给林家传承香火，父亲林长民在她八岁的时候，另娶程氏，之后生下一个女儿和四个儿子。林徽因的生母何氏，就此彻底失宠，如同被打入冷宫的妃妾。

女子，若是婚姻不如意的话，再是知性通情达理断也是会生出好多怨尤来的。更何况，徽因的母亲并非这般的优秀。生于浙江嘉兴一个商人家庭的徽因的母亲何氏，非但不懂琴棋书画，更因着也是富贵人家的女儿而养尊处优惯了，并不善操持家务。既无法以才情博得夫君林长民的宠爱，亦无法以贤惠博得婆婆的欢心。

所以，当林长民娶了学识颇深，又温良美丽的上海女子程氏之后，她的母亲这个旧式的女子便成了一个陈旧的人。

被生生地深深地冷落在一隅。

深得比海还深的怨尤，使得她母亲的性情，亦如同那狭窄的角落里的光阴，阴晴不定的。

为此，徽因的童年便因着母亲的缘故有了一段绵延而长的痛苦记忆。

她，虽特别得父亲的宠爱，然而她还是要和母亲生活在后院。前院，常常会传来那温馨家庭里才有的欢笑，每每母亲都会在死一般沉寂的院落里发起无休止的牢骚来。在这种原生家庭带来的伤痕里，她这个敏感的女孩，由此背负了如许的沉重，心中亦交织着对父母又爱又怨的矛盾感情。

诚然，她特别爱那个称自己为“天才女儿”的优秀的父亲，却又怨他对母亲的那甚为残忍的冷漠无情；她亦特别爱给她温情呵爱的母亲，然而她对父亲的仇恨使得她内心里离父亲越来越远，如同有了一道无法逾越的沟壑，横在了他们父女之间。

家庭带来的伤痛，渐渐在她身上蔓延，以至于她成长为一个至为多愁善感的小孩。

常常，她会独自一人坐在木楼上，看天空飘过的云，孤寂得无以排遣。

事实上，这样的伤痛隐随了她一生。

她在成年后，成长为一位极负盛名的女诗人时，她曾写就一篇《绣绣》来将那时的伤害给予呈现。那，绝对完全是她小时候的生活写照。绣绣，是一位乖巧的女孩，然而她生活在一个不幸的家庭里。母亲，怯弱无能，狭隘多病，因而招致父亲的嫌弃及冷落，于是娶了新姨太。由此，绣绣整日夹杂在父母之间那无休止的争吵中。时日久长里，在没有温情、没有爱怜的家庭里，最终因病去世。

如此悲痛的写照，是为她自己曾经历过的那段忧伤的岁月。

还好，正是因着这段经历，她在面对感情时有了果敢的决绝，不拖泥带水，虽然也有过彷徨惆怅，犹豫不决，但到了最后还是做到了收放自如，懂得如何取舍。

由此看来，经历亦未曾不好。好的、坏的，都是磨砺一个人的最好课堂。

比如，徽因，童年的这段伤痛经历，终让她可以一种端然静好的姿态，优雅地漫步在云间，让人仰望了一生，怀想了一生的。

※

父亲林长民，是第一个欣赏深懂她的人。

所以，他才说出那句“做一个天才女儿的父亲，不是容易享的福，你得放低你天伦的辈分，先做到友谊的了解”的言之凿凿来。

而徽因，却也真的为有一个这样的父亲而骄傲着。

1916年，父亲林长民任职于北洋政府，于此十二岁的徽因便随着父亲从上海迁至北京，并因此而进入一家英国教会办的培华女子中学。培华女子中学，是为一所贵族学校，其教风严谨，所培养出的学生个个皆谈吐举止优雅。

徽因，十四岁的时候，便已然是个令人动容的娉婷女子，她的才情及那艳绝的韵致，亦随着流年的步履深深泛附在身体里，如是，凡是见过她的人皆有一种惊艳在心头的，惊她这女子只应天上有，艳她的貌只应仙子才有。

也就是在这一年，徽因跟梁思成初次相见。

林、梁两家本就是世交。最先提议的是梁启超，那日他带着十七岁的梁思成从南长街的梁家来到景山附近的林家。在林长民的书房里，梁思成看见了十四岁的林徽因。只见林大小姐，一袭仙子打扮，精致的五官有着雕琢之美，笑靥若花的一张脸上虽仍带有稚气，然那双眸里清亮间透露出来的迷人气息，是如出水芙蓉一般的女神魅惑着人的。因而在她翩然转身告辞间，梁思成是有了小鹿一般的乱撞在心头的。

是然。他知道这个手捧诗书、静弹箜篌，清新淡雅、飘逸绝尘的女子，是入了自己心的。

徽因，对于这次的初见，会留有怎样的记忆，在记载中没有任何文字可循。或许，有会有一定的怦然心动在吧。不过，更多的应该是一种初见时的愉悦心情，无关男女间的任何情感的。不然，她不会在康桥那个地方将一颗懵懂的少女之心交付给另一个男子的。

思成，则大不同，他这一见下是再也没能将她忘记。是哪怕用了那么漫长的一个历程，也还是以一种坚贞不渝的痴心将她等待着的。

徽因的第一次动心，在英国，伦敦，美丽的康桥，心动于那个风流倜傥的浪漫男子。他的名字，叫徐志摩。

这段情缘，源于父亲林长民。1920 年春天，林长民要赴欧洲考察，他带上了十六岁的爱女徽因。父女同游欧陆，美好亦多。林长民如是说："做一个天才女儿的父亲，不是容易享的福，你得放低你天伦的辈分，先做到友谊的了解。"徽因，则成了父亲随行的翻译和秘书，开拓了自己的视野，并因而进入伦敦的圣玛丽学院读书。

所谓，不是冤家不聚首；所谓，有缘千里来相会，抑或所谓其他。

总之，本不关联的两个人，就那么在异国他乡有了聚首的可能。那时，本来留学读经济的志摩突然对文学产生了浓厚的兴趣，因而辍学到处游览以激起心中更多的文学灵魂来。游历到伦敦的时候，突听说著名书法家兼诗人林长民来了，于是即上门求教。

就这么着，在此邂逅了美若仙子的少女林徽因，并就此即坠入爱河。

接下来，他即开始了疯狂的追求。

因为，怕就此错过了她，就会错过一辈子。

于是，他每隔一两天，就会到林家公寓里去喝茶、聊天，还会每天给徽因寄出一封信。文字，是有极激情的穿透力的，亦是火辣辣得会让一个十六岁少女心跳不已的："如果有一天我获得了你的爱，那么我飘零的生命就有了归宿，只有爱才可以让我匆匆行进的脚步停下，让我在你的身边停留一小时吧。你知道忧伤正像锯子锯着我的灵魂。”

在爱里，沉浸着的他，完全是疯狂了。

要知道，那时他不仅比徽因大了整整八岁，更重要的是他还是两个孩子的父亲，一个女子的夫君。然而，在遇着徽因之后，他将这些都视为累赘，视为要极力摆脱的物件，在爱徽因的当口里，他完全是个疯子，是个无情冷酷忘恩的人。他，只为了他的爱而活，不再管任何人的死活。

较之他的这盲目的冷酷的表现，小他多岁的徽因，好过他太多太多。她，虽在最初里对他的那些爱的痴狂有所动，亦也真爱了，还曾与志摩在康桥之上深拥着一起许下诺言。然而她自持的内省，教她要清醒，要懂得取舍。

所以，她最终让她和志摩在康桥的这段深刻浪漫的爱恋，成了一场美丽而残败的梦。

1921 年 10 月，父亲林长民出国考察的时间到期，于是，她毅然跟随父亲乘海伦“波罗加”号回国。而将志摩，就此冷在了那座写满他俩爱的回忆的桥上。

就此，她和他一转身即天涯。

在爱恋里，似她这般清醒内省的女子，真的少之又少呢。若能如她，这世间也就真的少了无数的痴女怨女，那么爱情的苦酒便也不会似毒药，似毒酒，让人含恨而饮了。

※

实质上，离开志摩，她并非不痛，并非那般潇洒，亦不是不够爱志摩。而是，她太明白自己和志摩之间那注定的不完美的结果。她是，真的不愿再看到更大的破碎了，为了爱她志摩残忍无情地令怀有身孕的张幼仪去堕胎，并且还与之离婚，让她看到了爱情之外的丑陋。

于是，她决绝地决定离开。

不是不爱，而是无法接受爱情里面的不美好。

因之，她是个完美主义的女子。

回国后，她继续在培华女子中学学习。她，看上去依然美好无邪着，没有谁能看出她内心里的情伤。这样的女子，才真正的是可以心中修篱种菊，淡然从容的吧。所以，在和思成再度重逢时，当思成对她发起追求时她可以淡定自若地应允并和他交往。

他们时常会去环境优美的北海公园游玩，亦也会逛庙会，或者去清华学堂参加音乐演出。在和思成的深入交往里，她更深地感应到自己的选择的正确。因为，跟思成的感觉是那么的灿烂温暖，而跟志摩的感觉却是永远那么潮湿，如同在雨季抑或有新月朦胧的夜晚。总是一丝明媚，都无可寻的。

真正会爱自己的女子，都会似徽因这般选择温暖的。

要知道，冷暖自知的现世里，能汲取到一点温暖是多么的可遇不可求。

可是，情人志摩却是无法这般渗透。他，还心不死。在一年后，他恢复了单身，并且还拿到了剑桥大学硕士资格的时候，他还是抱着一线希望来到北京找徽因。只是，这时在爱里越发光彩照人的徽因，让他深深感应到这爱已然不再属于他了。

只是，他仍是不能够说服自己放弃，仍控制不住地对徽因纠缠着。

直到，有一天在林家的门口，他看到了张贴着的英文字条后，才怅然地返回。原来，他经常会悄然来到徽因和思成约会的地方,次数多了自然引起思成的反感,于是就有了这张写着“Lovers want to be left along.（情人不愿受干扰）”的字条。

聪明若她，又怎么会不知晓志摩的心意呢。然而，爱而不可得的道理她太过深懂了。所以，过去的就让它过去了，回不去了，就真的回不去了，还纠缠真就没什么意思了。于此，她显得无比冷酷的模样，将志摩那一颗炽热的爱情之心给无情地挡在了那里。

我想，她亦深懂，这世间所有的相逢都是红尘中的一场偶遇，一旦分别，再无痕迹。更深懂，这世间所有浪漫的风花雪月，都是一场梦，都不如一段平淡的温暖能唾手可得。

也是，爱情再绚烂，也是美如烟火，一瞬即逝的。安稳，比爱情对一个女子来说更重要。

1924 年 6 月，徽因和思成以眷侣的形态双双赴美国宾夕法尼亚大学留学。

然而，即这般，志摩还是未曾能将那火一般的爱恋给收回。他还用那一张一张的火辣辣的情书，冲击着她远在大洋彼岸的心扉。面对这样的爱之纠缠，徽因终于有了怨尤，于是在 1927 年的 3 月 15 日，她给即将回国的胡适写信道：“请你回国后告诉志摩，我这三年来寂寞受够了，失望也愈多了，现在倒能在寂寞和失望中得着自慰和满足。告诉他我绝对不怪他，只有盼他原谅我从前的种种不了解。但是路远隔膜误会是所不免的，他也该原谅我。我昨天把他的旧信一一翻阅了。旧时的志摩我现在真真透彻地明白了，过去的就过去了，现在不必提了，我只求永远纪念着。”

是的，再如何她都知道自己该如何取舍。

1928 年 3 月，在加拿大温哥华思成的姐姐家，她和思成举行了婚礼。

婚后，他们接受梁启超的安排，赴欧洲参观古建筑，后于 8 月 18 日回国。是年 9 月，归国后的梁思成、林徽因，均受聘于东北大学建筑系，分别被任命为主任、教授。

日子如流，徽因便沿着这条适合自己的人生路行走在人间，虽没有无限锦绣，却也山水相宜。

对她而言，这才是生活。

生活里的平淡，如溪流般过得波澜不惊、清雅安稳，是为她这一生的对的选择。

谁说过的，真正的美人如同一朵莲，清白无浪，洁净得可照见自己的浑浊。徽因，是这样的女子，因而她获得思成为她细细守候呵护的美满一生。

※

在她的生命中，还有一个令人深刻的男子。

即那个深情守护她一生，为她而终生未娶的男子——金岳霖。

得是怎样令人爱慕的女子，才会令一位学界泰斗如此动容、如此无悔付出不求回报呢？关于这样的爱恋，从古至今我是只听闻这一则。

也许，会有许多人像我一般有着八卦好奇的心，会猜测徽因是否真爱过金岳霖。

我想，是爱过的，不然她不会在那一天，对着外地归来的丈夫思成说这样的话语："我苦恼极了，因为我同时爱上了两个人，不知道怎么办才好？"

世间最会处理婚姻危机的，应该当属看似厚道的思成了。只说那一日，他听了徽因如此说完，便是沉默不语，一夜辗转未眠之后，他对徽因如此大度地说道："你是自由的，如果你选择了老金，我祝愿你们永远幸福。"

这么看来，思成是最了解徽因的，是比徽因自己还要了解。所以，他敢笃定徽因不会轻易为了爱上而离开他，而抛弃婚姻家庭，想当初她可以那般果断地错过志摩，今日便更不会与金岳霖无所畏惧地相爱。她，自我的约束和内省，端的不允许她有放纵自己的可能。更何况，她现在有宠爱自己的丈夫，有乖巧伶俐的女儿，还有属于自己的辉煌的事业。怎是一个情爱，能战胜的!

所以，她的爱的迷惘，肯定是暂时的。她，亦是不敢轻易逾越的。

事实上，后来的徽因无所顾忌地将思成的话转述给金岳霖。明朗温善的金岳霖当即回答道："看来思成是真正爱你的，我不能伤害一个真正爱你的人，我应该退出。"

就这样，一场婚姻危机被思成轻巧化解。

尽管金岳霖仍然深爱着徽因，然而他爱得冷静理性，并且用这种理性驾驭了自己一生的感情，来爱了徽因一辈子。

徽因，亦如是。对金岳霖的爱，不同于对志摩的爱那般缠绵热烈，亦不同于对思成的爱那样平和温暖，而是用一份钦佩和敬爱，理智地深爱的。由此，在他们相处的那些所谓爱的交流里，是一种神交。

在徽因和思成夫妇的沙龙聚会里，他始终是沙龙的座上常客。他们三人，是为志趣相投，交情至深。他们亦一直都是毗邻而居，这是因为只要徽因住到了哪里，金岳霖就会默默地搬到哪里。诚然，他是以这种温和的无伤害的方式默默地守护着自己心中最至爱的女子的，不离不弃。而徽因，亦早已习惯了来自他的这种呵护，是无论何时何地，只要他在，她即心安。

金岳霖，真真是一个痴心的男子。对徽因的爱，真的做到了一生不变。

据说，50年代后期，徽因去世已久，思成早已另娶了他的学生林洙。他，一个人还在怀想着徽因。在徽因的生日那天，他特意将以往的老朋友们都请到北京饭店，并不说理由，而是待到饭吃了一半时，才站起身说今天是徽因的生日。如此，搞得在场的老朋友们望着他这位终身不娶的老者，皆潸然泪下。

一个男子，情深若此，真的是会让人为之心疼不已的。

也是。是女子，若是一生中逢着这样一个男子，真是终生无憾呀！

不过，徽因确实是值得一个男子这般对待之的美好女子。

想她的一生，虽历经几段感情，却是自始至终清冷深醒，未曾将谁伤到满身疮痍、支离破碎的。她，是永远用那温和的姿态对待爱她的男子，是为让每一个深爱过她的男子都在跟她相处时如沐春风，自陶醉着。

而她，在事业上亦成就非凡，她和思成一起研究的古代建筑亦成为彼时一道最瑰丽的风景。为了她热爱的建筑事业，她亦不娇柔，虽然还有病染身，但是却仍坚韧地跟随着丈夫的足迹踏遍天涯。由此，世人亦知她这个女子，并非只会风花雪月，她亦深谙民间百态，懂得人情冷暖，是食人间烟火的女神。

这样秀外慧中的美丽女子，怎不会以非凡的魅力让人一见倾心呢?

我是女子，在阅看了关于她的种种，都倾心仰慕得不成。更何况，那时期的男子。

所以说，她永是那朵永不凋零的白莲。美好在每一个人的心间。无论岁月如何，无论流年如何，她都安然出尘在那处，始终苍翠如初。

**温暖你**

林徽因在自己短暂的一生中，面对两段人间至美的神话般的爱情，做出发乎情而止于礼的抉择，淋漓尽致地诠释了她人性中的高贵和尊严。

她的爱情故事告诉我们：我们的生活，正因为有爱才会如此多姿多彩，我们的生命，正因为有爱才会这般美丽动人。然而，除了爱，还有责任、义务；还有许多别的东西充实我们的人生。所以，我们要懂得：爱，要适可而止。

而拥有适可而止的爱情，无论是对自己还是对对方，都是一种幸运。爱一个人没有错，但如果选在错误的时间去爱，或是选择错误的时间离开，留下的也只有煎熬。真的爱一个人，就要懂得放手。放开手，给爱一个空间，不要让爱成为彼此的枷锁。

爱一个人，就要让他真正地自由、幸福！

# 倾谈⑩胡蝶

## 戒不掉做自己

胡蝶，是女性中的极品，
容颜瑰丽，品格娴雅，职场完美，人生丰富。
胡蝶，亦是极其智慧和坚忍的女子，
懂得进退，懂得自持，
懂得花无百日好，懂得繁华一瞬间。
这一生，温润如玉的她——
都戒不掉做自己。

## 导语

20世纪30年代的上海，是个梦幻的地方，胭脂香、卷发髻、灰色的高跟鞋和旗袍下隐约的腿，发黄的电影海报上尽是迷人的东方美人……在这里诞生了我国最早意义上的“影后”。

提起那时的电影明星，让人们耳熟能详的，胡蝶无疑是其中最有分量的一位。

这个一生翩跹的女子，有倾国倾城的容貌，演了四十年的电影，却一直倔强地和命运抗争。她有过常人难以企及的辉煌——她成为中国历史上第一位“电影皇后”，她开创了中国武侠电影的先河，她将中国电影从黑白时代带进了彩色世界……她的笑容里始终蕴含着一种神秘，她意味着东方美，也意味着一个怀旧的符号。

依稀仿佛，我们可以透过历史的痕迹，看到这个昔日耀眼“皇后”在上海滩上演绎着的那些爱恨情怨。

她是真性情的女子，对于感情从来都是真，来不得半点假。所以，才有了那场上海市民茶余饭后的谈资——“蝶雪解约案”。只为那个她心底的公道，义无反顾地与初恋情人林雪怀对簿于公堂。她爱潘有声，那么真切地付出，即使被恶贯满盈的军统头头戴笠霸占，然心底仍有个声音在心头言说：“姓戴的只能霸占我的身体，却霸占不了我的心。有声，我的心永远属于你。”她的魅力大抵在于此吧！淡泊，勇敢，不被权势、金钱所魅惑。

因而，这使她成为当时名女人中最另类的一个，她身上的那股独特的气质，像灰尘里长出的花，独立倔强地开放在那个繁华飘摇的上海滩。

她亦是沉静、低调的女子，虽是当时耀眼夺目的明星，却不嗜张扬，低调得让人淡忘了这些屈辱。是这样懂得善待自己的女人，她永远不会为别人而活着，更不会为了别人伤害自己。

她创造着一个上海奇迹，作为一个炙手可热的红星，她竟能在流言蜚语里游刃有余，片叶不沾身。无论遭遇了什么，她总能从容、淡定，行到水穷处，坐看云起时。

在一系列荒诞的人生戏剧之后，她一个人孀居国外，只为过平淡、与世无争的余生。她总是讲：“人的一生其实是很短暂的，再绚烂、再凌厉都不过是个瞬间。”

做自己，才是最重要的。

世间女子，何尝不都应该如此！

※

1908年，中国发生了两件大事，光绪和慈禧相继驾崩。

接着，各路军阀在中国的政坛上粉墨登场，整个中国处于动荡不安之中。这一年也是中国第一个电影院诞生的一年，小胡蝶就在这个时候出生了，不偏不倚，一切都刚刚好。

由此，一个关于上海滩电影黄金时代的传奇童话得以正式上演。

父亲胡少贡为她起了一个乳名叫宝娟，他希望在动荡的年代里他可爱的小女儿可以过上安逸的生活。

童年的小宝娟在父母的呵护下精致地长大，由于父亲在铁路工作的缘由，小小的胡蝶随父亲常年在各地奔波，由此也就接触到了形形色色的各种人。俗语说，人上一百，种种色色。那些三教九流的言谈举止，给童年时就善于思考的胡蝶留下了深刻的印象，这些无疑为她后来在银幕上塑造各种角色打下了坚实深厚的基础。

我们将时光回放，追溯到二三十年代浮华掠影的上海滩。没有声音的黑白电影将整个大上海装点得流光溢彩，热闹非凡。由电影引起的诸如偶像崇拜、明星绯闻、影片轰动等问题，与当今社会相比较，毫无逊色之处。十六岁的胡蝶就在此时，怀揣着一个电影的梦想踏出了她从影生涯的第一步。

出落得亭亭玉立的胡蝶，聪慧美丽，父母盼望她能求学深造，她却受蓬勃发展的中国电影事业吸引，投考了由顾肯夫等创办的我国第一家电影学校——上海中华电影学校，成为首届训练班学员。

那时，报考的女孩子达两千多名，竞争十分激烈。在等待面试的日子里，胡蝶在家想了很久，她觉得应该起个响亮的艺名好让人记住。直到面试那天她还没想好，正在踌躇之时，看见在花丛中自由翩飞的蝴蝶，才灵感突现把胡蝶这个名字填在报名表格上。后来，这个名字成为旧上海的标志词之一。这应是天真无邪的胡蝶所没料到的。

胡蝶这个美好响亮的艺名与她一生相随，不离不弃，伴她于流光溢彩的戏梦人生中翩然起舞，同时也见证了她日后的奋斗、挫折和荣誉。

她一生在很多地方定居和生活过，正如一直渴望自由的她为自己选定了胡蝶这个名字，美丽、自由，飞累了便寻找一处地方栖息。

只是，八十一年的漫漫人生，又有几多坎坷、几多辉煌？

※

胡蝶一生所钟爱的是电影，电影是她苦心经营的事业，却也是让她人生波澜四起的源头。

1925 年，胡蝶拍了生命中最初的一部影片《战功》，胡蝶水银灯下的焕彩生涯由此开始。然而，对于胡蝶而言不知道是幸还是不幸，她也因此认识了那个日后和她对簿公堂的初恋情人林雪怀。

那一年，胡蝶芳龄十七，梦一样的年纪。

胡蝶因着《战功》认识了张织云，在张织云的介绍下，胡蝶和林雪怀有了一见钟情的相遇。林雪怀长相俊帅，虽在当时明星云集的电影圈里算不上大红大紫，却对当时不过十七岁的胡蝶而言，他也是她钟爱的、向往的那个瑰丽世界的一员。而那时花一样年纪的胡蝶在林雪怀的眼里亦是娇美可人的。就这样，一对相互倾慕的男女渐生了情愫，只是没找到更深的接触机会。

不过，世间事总有冥冥中的注定，宿命中的相遇，即使是劫难，总也难逃。

初次相遇后不久，好友徐琴芳邀她一起合演《秋扇怨》。是冥冥中的注定亦是一生的宿命，林雪怀恰恰也在这部电影里饰演角色。就这样戏剧化的再次相遇，也让阅世甚浅的胡蝶以为这一生要相伴的那个人就是他了。

《秋扇怨》拍完之后，胡蝶和林雪怀已成了一对形影不离的恋人。

1927 年 3 月 22 日，他们在北四川路上新落成的月宫舞场举行了隆重的订婚仪式。

毕竟是俗世中的男和女，这太过戏剧的相识相恋注定是场悲剧，经过短暂的快乐之后，这对令人羡慕的伴侣，却远没有人们想象中的那么完美和幸福。

对于胡蝶来说，与心仪的男子在一起是一种简单的快乐和幸福。然而，对于早已目睹太多圈内冷暖的林雪怀来说，快乐并不是那般单纯。他深知一个女星不可能简单地拥有快乐，幸福不是唾手可得，要历经磨难！他似乎看到了未来，这个单纯美丽的女子成为万人追捧的耀眼明星后，她将会遇到许多进退两难、无可奈何的事，那时的她还会小鸟依人地依偎在他的身边吗？他在胡蝶的身上看到了太多不可预见的可能，所以他的爱在日渐消失的快乐中因着害怕、因着失去变得畸形起来。

于是，接下来的日子他们之间剩下的全都是无尽又无休止的纷争。对于胡蝶来说，是痛苦；对于林雪怀而言，何尝不是一种痛苦呢？他的人生被完全覆盖在胡蝶耀眼的光环之下无法喘息，所以才有了他之后的无赖、不可理喻。因而，便也促使了那场人尽皆知的“雪蝶官司”。

只感叹人生若只如初见！

※

1931 年，在上海略湿的空气里悬浮着“大明星胡蝶情变”的声音。一时间，在兵荒马乱、时局压抑中的人们，便都在这美人如虹的情变之中找着了乐趣。

在那个时代，她始终是个特例，爱得深亦爱得真，然当剧终人散时，她亦可抽身而退毫不犹豫。聪慧若她，从容若她，倔强若她，她的世界里不可以有欺骗，亦不可有纠缠。

所以，当那个曾经深爱过的男子终日沉迷厮混于舞厅时，当那个男子恶意诽谤她时，她毅然捍卫起自己的尊严。她的勇敢和倔强，一时让那个不争气的男子汗颜。

其实，她是爱得真的女子，在他没有事业逐渐沉沦的时候，她拿出辛苦赚来的钱让他做生意。只是，他不谙此道，在散尽胡蝶辛苦赚来的钱时，他渐渐变得无赖起来。他不再是那个当年风流倜傥的模样，心胸狭隘，目光凌厉。他已忘了曾经的美好，变得尖锐起来，他开始担心别人笑话他的无能，担心胡蝶给他戴绿帽子，加上小报记者的编排让林雪怀几乎抓狂。面对各种流言蜚语，他是一信再信，先是为了邵醉翁吃醋，后又怀疑她和张石川。在这种无端的猜忌下，这个男人越发猖狂起来，更变本加厉地用胡蝶的钱在外肆意挥霍，花天酒地。

这让胡蝶恍然醒悟，她不再也不敢对这个男人有任何期望。胡蝶态度的转变让林雪怀有所察觉，无赖又无能的他却来了个“先声夺人”，先给胡蝶递了一纸休书，真的可笑！在休书中他列举了胡蝶那些莫须有的风流韵事，斥责她“行为不检，声名狼藉”，还声明以后要“恩断义绝”。被胡蝶抢了七年风头的他，在分手时还要捍卫自以为是的他所谓的男子尊严。

当胡蝶看到这份措辞恶毒的休书时，心灰到极限，怎么相爱的人可以这样恶言相向？但是，若要默默接受这份屈辱的话，她就不是那个傲然在上海滩特立独行的胡蝶了。

1930年，胡蝶将一纸诉状递到法院。从此，胡蝶陷入了长达一年之久的婚约诉讼。

到底是怎样的缘分呢？

你一纸休书，我一纸诉状，是怎样的纷争在那时灰蒙蒙的上海滩上演？我们不得而知，但从旧时资料知，在长达一年之久的诉讼中，胡蝶不得不出庭八次，身与心的伤害是难以言语的。其实，这场让人神伤的官司无论输赢，胡蝶都不在意，她知一贫如洗的林雪怀是无法还清欠她的钱财，她只是为了讨回一个公道。

当一切旧梦远去，胡蝶再也无欲无求，把自己整个投入她最初的梦想当中。对于这段恋情，多年后她亦不愿多提。在暮年时书写的回忆录中她只寥寥写了几行字："和林雪怀解除婚约，算是我青年时生活的一个波折，但解决了一件不如意的事，也使我更能专心致志地从事于电影事业。"

她就是这样决绝、独立、倔强的女子！

※

却说，结束与林雪怀七年恋情的胡蝶，把全部精力都付诸她热爱的电影事业。她也因此迎来了事业上最为辉煌的一页。

1932 年"一·二八"事变后，左翼电影开始登上历史的舞台。国难当头，民众渐渐对先前的武打片、言情片失去了兴趣，而由左翼人士担当编剧的富有群众性的现实题材的电影"取得了天下"。

那一年，胡蝶拍了那部电影事业上顶峰之作的左翼电影《姐妹花》。故事本身非常凄惨，恰到好处地迎合了那个特殊的政治环境。在新光大戏院连着放映了 60 天，可见这部影片在当时的轰动。

1933年元旦，由明星公司主办的《明星日报》在上海创刊。为了招揽读者提高知名度，发起了评选“电影皇后”的活动。

开始时并没有太多人注意这个活动，后来陈蝶衣想了一个办法，为刺激影迷的积极性，准备在“电影皇后”诞生后举行一次盛大的加冕典礼，这才引起了空前的轰动。

1933年2月28日晚上，明星日报社在北京路大加利莱社，揭晓了选举结果，胡蝶以21334票的绝对优势胜了当时很红的阮玲玉，当选为中国电影史上第一位“电影皇后”。

《明星日报》本是要举行一次盛大的加冕典礼的，却被胡蝶以国难当头的谦辞推掉。然，那时上海滩自是有好事之人。杜月笙之流本就要搞个“航空救国游艺茶舞大会”，于是正好借此机会和胡蝶的庆祝活动结合在一起。再低调的胡蝶，也不得不去应付这次活动。

大会于3月28日下午两点在静安寺路大沪跳舞场举行。

由于胡蝶正患眼疾，所以五时才到会场。当新诞生的“电影皇后”终于在场上出现时，会场上立即出现了一个高潮。几位社会名流致贺词之后，由《明星日报》的有关负责人给胡蝶颁发了措辞极尽华丽之势的“电影皇后证书”。

当时的场面很是轰动，上海滩闻人杜月笙加上耀眼的胡蝶使得大沪舞会上热闹非凡，什么政界要人、商界大佬、演艺界名流都齐齐聚在同一个舞台，只为亲近那个倾国倾城、明眸皓齿的“电影皇后”。

一边是临近亡国的战火，一边是如此热闹的派对，殊不知这个派对跟“航空救国”究竟有什么关系？

胡蝶毕竟是个特立独行的女子，什么时候都不会让人失望，她在密密麻麻的人群中，在灯红酒绿的欢笑声中，唱出了她作为女伶的愤怒。《最后一声》：“您对着这绿酒红灯，也想到东北的怨鬼悲鸣……”到后来，这愤愤的歌声还在战乱的上海滩时时隐约，细细密密地讽刺着那些所谓的“爱国人士”。

这就是胡蝶，一个美丽又深明大义的女子。用自己柔弱无骨的刺，狠狠地、深深地刺着那些麻木的人。可悲的是，那些人并没有醒悟，只是心中充满了被讽刺的仇恨。当胡蝶捧着随手借来的男人呢帽“沿门托钵”募化时，只见这些“热心救国”的女士先生一一沿着壁角，快步退出舞场，最后一算，仅募得三百余元。

对于这个一直跟随她的美称，胡蝶只是淡然，多年后的回忆录里也只是轻描淡写地说了两句，她称“电影皇后”是一个“像游戏之举的称号”。她的言辞不轻不重，幽幽得像个局外人，难得有她这么心静如水的女子。

但，无论当时历史是怎样，胡蝶因着“电影皇后”的美称，亦成为了那时上海滩时髦女性不可替代的偶像。

※

1931年，胡蝶在堂妹胡珊的家中邂逅了潘有声。

这是一次私人的家庭舞会，也是堂妹为了缓解她的低落心情而刻意安排的一场舞会。

身材伟岸，书卷气十足的潘有声，被邀请在内。在这里，他第一次见到了银幕之外的胡蝶，这个上海德兴洋行茶叶部的一名普通职员，即刻就被胡蝶那高贵大气的气质所深深吸引。原本，在他的心目中胡蝶是宛如仙女一般的存在，是高不可攀的，是怎么也未曾想到，可以这般近距离地接触到自己心中的女神。

一见倾心，也就让他变得敏锐，很快他就捕捉到胡蝶的落落寡欢，他心里有了对她的疼惜。他和她有了共舞一曲的机会，然后就默默地端坐在一旁追随着她的脚步，直到舞会结束。

胡珊，对潘有声的为人有着很深的了解，也很想撮合他们在一起，于是在舞会结束后，她让潘有声护送堂姐胡蝶回家。温和而儒雅的潘有声，很绅士，这一点胡蝶很快就发觉了，在快到家门口时，她刻意问了句："潘先生，我不漂亮吗？"潘有声怔住了，老实的他不知如何对答，胡蝶见状不由得咯咯笑起来："你是唯一一位见了我后，没有夸我漂亮的男士。"

作为一个社交场合上的名媛，平日里，看多了垂涎她美色的嘴脸，像潘有声这样的绅士真是一生难遇。在经历了和前夫林雪怀那耗时一年多的“雪蝶解约案”之后，她的身心早已俱疲，对男人的戒备之心也特别浓厚。不过，和潘有声接触几次后，她发现他是个可依靠的人，从他的身上，也感受到了一份男人特有的安全感。然而，这时的胡蝶对于爱情还是望而却步的。

潘有声，深知她的苦痛及顾虑，也深知自己和他身份地位的悬殊，所以也没敢向她展开追求，只是默默地关心着她，像个熟知的老友一般知冷知热地疼惜着她。

于时日久长里，踏实肯干，待人诚恳，讲信用，肯动脑的潘有声，渐渐入了胡蝶的心。他为人处世的态度，也深得胡蝶父亲胡少贡的欣赏。潘有声更是发现了胡蝶的优秀，作为上海滩那么大名鼎鼎的当红明星，她从不在人前摆任何架子，这对于一个演员的人格是特别大的一个考验。所以，在了解胡蝶为人性情越多，潘有声爱她的心就越深。

总算“功夫不负有心人”，潘有声的体贴和关爱，终于打动了胡蝶，让她曾经受伤的心有了爱的能力。只是，还是有所保留，只恋爱不结婚。所以，在他们交往的最初两年里从来都没商议过婚嫁，甚至都不曾在公开场合一起露过面。他们低调着，过着自己暖心的小日子，爱在心口暖着，不张扬、不炫耀。

放在现今，潘有声也是个不多见的暖男，他温良的美好性情，深知一个婚姻的约定，远不比对她的爱护来得实际。她若能快乐，他便知足。从最初相识，就是这样。

这样的爱情，真美好，免了胡蝶的忧，给了她最好最快乐的生活状态，也因此让她进入事业的又一个鼎盛期：从荣膺“中国影后”到在左翼电影潮中大显身手；从主演《姊妹花》轰动全国到周游欧洲列国，而这些时候，都有潘有声默默的陪伴和跟随。他自己的事业，也进入到一个极良好的状态，从茶叶部普通雇员到理财有方的洋行总经理，他不过只用了一年的时间。难能可贵的是，即便有了这样的职务转换，他也依然保持天性里的温文尔雅。

在那段相处的日子里，爱她胜过爱自己的潘有声，逐渐成了她的精神支柱，所以，当父亲身患绝症即将离世时，她为了满足父亲的心愿决定与爱她的这个男子结婚。

1935 年 11 月 23 日，在位于上海九江路和江西路口的一座教堂里，她和他终于结束了他们马拉松似的爱情，举行了令人艳羡的结婚典礼。婚后不久，他们移居香港，以为一切纷争都结束了，可以不再管戏里戏外的是是非非了。

没想到，这一生的灾难是非才刚刚开始。

※

电影是胡蝶传奇的根源，但胡蝶传奇的生活中并不仅仅只有电影，她和国民党特务头子戴笠的那段抹也抹不掉的是是非非的往事也成了胡蝶生涯里最传奇中的一部分。

这段传奇，像极了她演绎过的老电影，总嗞啦啦地响个不停，看完了还有回味，其间亦不乏各种惊心动魄。

和戴笠的真正纠缠不清，是从那 30 箱珠宝丢失开始的。

那一年，她和潘有声移居香港没几年，香港就沦陷了。作为曾经红极一时的上海滩明星，自然逃不脱日本人的眼睛。很快，日本人就亲自登门邀请胡蝶赴东京拍摄《胡蝶游东京》的纪录片，以示宣扬所谓的中日友善。胡蝶自是知道直接拒绝是不明智的，急中生智中称自己有孕在身，巧妙地躲过了这一劫。她，开始意识到香港是一个危险地带，有了尽快离开的打算。

终于，在 1942 年他们一家得到了东江游击队的帮助到达了重庆，并借住在中学同学林芷茗的家中。只是，那时的胡蝶怎么也不会料到，她人生中那段无可奈何的屈辱在这一刻深种。

在从香港回到重庆时，胡蝶将她前半生的积蓄打包成 30 个箱子托人运往内地，谁知珠宝在半路丢失，得知消息的胡蝶大病一场。而这事被垂涎胡蝶已久的戴笠得知，自然是喜之不尽，认为是天赐良机。为了赢得胡蝶的好感，戴笠先是百般安慰，然后又信誓旦旦地保证要破案。于是，他将与之有嫌疑的杨惠敏和她的情夫抓来严刑拷打，得知的确是土匪抢劫之后，又派一批强干的办案人员赴广东全力侦破劫案。只是，由于兵荒马乱，劫匪如麻，任凭他有通天之能，也是无法侦破。

戴笠，于是情急之中心生一计，按胡蝶开的丢失珠宝、衣物的账单，派人去外国购置，然后谎说是追回了一部分财物。胡蝶是见过世面的女子，看见戴笠追回的宝物并不是自己的原物，却也不声张，只淡淡地说了些感激的话。不过，对戴笠而言，这也初步博得胡蝶的好感。为了达到自己彻底占有胡蝶的目的，戴笠又使出一招，派人打发潘有声去云南做生意，还给潘有声发了商人梦寐以求的专员委任状和滇缅公路通行证。潘有声一走，戴笠再也按捺不住强行占有胡蝶的冲动。面对戴笠强大的势力，胡蝶知道反抗无用，她是从容淡定的人，虽痛苦难耐，也只好违心顺从。

自此，胡蝶开始了在重庆被幽禁三年的日子。

胡蝶被幽禁的日子看起来还是很富贵的。戴笠为了不让胡蝶对潘有声有负疚感，就让胡蝶住进杨家山公馆。胡蝶嫌公馆的窗户狭小，楼前景物不好看，戴笠马上派人在公馆前重建别墅，还从印度空运来胡蝶喜欢吃的水果，买来一大堆鞋子让胡蝶选，甚至花费上万的银圆弄了个大花园，每天陪胡蝶在花园里散步。

胡蝶每天透过洋房的窗子，看着这隔世的桃源，都会情不自禁地掉泪。她觉得自己已经死了，那个纯洁的胡蝶没有了，那个电影上风光的胡蝶没有了，那个能与洋行丈夫过普通生活的胡蝶也没有了。她现在只剩下一具美丽的躯壳，没有爱，没有事业，什么都没有。

戴笠是爱胡蝶的，对胡蝶倒也真是体贴入微，这样一个杀人不眨眼的特务头子竟也有柔情似水的一面！但是这样的爱如果建立在别人的痛苦之上，也就成了很猥琐的一种爱了。戴笠可不管这些，他要与胡蝶结婚，他逼迫着潘有声与胡蝶离婚。

潘有声迫于权势，同意与胡蝶解除婚姻关系。然而，造化弄人，准备和胡蝶结婚的戴笠因飞机失事摔死于南京近郊，一切美梦即刻成为泡影。就这样，心机用尽的戴笠最终还是没能和胡蝶结婚。

胡蝶终于结束了被幽禁的日子，重新获得自由。回到了丈夫潘有声和孩子的身边。可是，当一家人终于团聚在上海准备开始新的生活时，她犹豫了。

经过抗日烽火洗礼的上海，活跃着的是新一代更加年轻有为的女影星，上海电影的未来已经不再属于她了。生活上，她与戴笠之间的关系，使她无法从容面对从重庆等地重返上海的左翼影人，尤其是无法逃避一批有“隐私癖”的黄色报刊记者，加上好友阮玲玉悲愤自杀一事使她对“人言可畏”更增添了一份恐惧。经过一番慎重的讨论，胡蝶和潘有声决定携一双儿女去香港发展。

到香港后，潘有声创办了以生产“蝴蝶牌”系列热水瓶为主的兴华洋行。胡蝶倾注了全力，辅佐潘有声从事经营。只可惜，这种苦尽甘来、朝夕相处的生活只持续了六年，潘有声就病逝了。

丈夫的先她而去，使她始终无法摆脱孤独和悲哀，对电影的思念一日浓似一日。

最终，于 1959 年，在亲友的鼓励下，已年过半百的胡蝶加盟到邵氏公司，回到了阔别十年的电影界重铸辉煌。

1975 年，胡蝶移居加拿大的温哥华，并改名为潘宝娟。

宝娟是父母为她起的乳名，以潘为姓则表达了她对亡夫潘有声的怀念之情。告别了影坛又身居异地的胡蝶，时常怀念着祖国，可是，她最终也没有回来。与戴笠之间那段难以启齿的往事，是横亘在她与故乡之间的一堵无形的墙，情感上的难堪使她迈不动回家的步伐。

1989 年 4 月 25 日，翩舞人间近百年的胡蝶在温哥华因病与世长辞，应她的要求，骨灰安葬在她深爱了一生的亲人旁边。

这位中国第一位“影后”留给世人的最后一句话是：“胡蝶要飞走了！

温暖你

素来，我敬仰智慧内敛的女性，在读完关于胡蝶的种种信息后，这个温润如玉、一辈子都在坚韧地做自己的优质女性，就久久地留存在了我心间。

性格开朗的胡蝶，一直是个目标非常明确的女子，她知道自己想要什么，不要什么；也会巧妙处理危机，即使身处幽禁之地，亦可做到难挨的“忍”，直到守得云开见月明。她有明朗在心的睿智，知道在忍耐中，用时间化解一切解决不了的问题。时间可以留下伤痛，同样可以疗治心内的伤口。

好喜欢这样性情的女子。

事实上，也只有这种性情的女子，才可以在职场游刃有余、成绩斐然；亦可将家庭经营有方，温馨宁静；更可在事业蒸蒸日上时，做到忘我工作；亦可在事业达到顶峰时，做到急流勇退。

像，胡蝶这般。

做个懂得善待自己的女人，永远不会为别人而活，更不会为了别人而伤害自己。

# 倾谈十一 唐瑛

## 爱自己，是人生的骨架

世事变迁，于她不过是人生舞台布景的变换；
爱断情伤，于她只若换了个男主角来演对手戏；
生儿育女，于她仿佛是剧本里安排的戏份；
繁杂琐事，于她更是不值一哂的皮毛。
诚然，
在她的世界，只有一条准则：
爱自己，才是自己人生的骨架。

# 导语

20世纪30年代的旧上海，美女明星云集，她们舞姿曼妙，谈吐高雅，且又知性风情万千，若一道道芬芳浓郁的沉香，使十里洋场内外都芳香四溢。不过，在上海所有沉香中最让人惊艳的，非唐瑛莫属。

她是和陆小曼齐名的交际花，“南唐北陆”的光华占去了两座城市的风景。一个在古都北京，一个在“东方夜巴黎”的上海。

她们不再是传统意义上的交际花，而是系出豪门的名媛，她们尊贵、高雅，经过系统的培训才得以长成。她们既有血统纯真的族谱，更有全面的后天中西文化的调理；她们都持有著名女子学校的文凭；她们讲英文，又读诗词；学跳舞钢琴，又习京昆山水画；她们动可以飞车、骑马、打网球、玩女子棒球甚至开飞机，静可以舞文弄墨、弹琴、练瑜伽。她们是当时社会上公认的名媛。

出生在上海“新贵”家庭的她，可谓是含着金汤勺长大的幸福小孩。于是，接踵而来的便是好的家教、好的教育、好的环境，从而，造就了一个名动上海滩十里洋场的“交际名媛”。

人说，整日沉醉在声色娱乐之地，人便如吸食了那鸦片，渐渐上了“瘾”，难戒掉。所以，整日流连翩飞在“百乐门”的她，便也清冽决绝地把自己的一生都绘制成那社交场里的一幅精彩绝伦的华丽卷。

于是，十里洋场的人们看到了在卡尔登大剧院用英语演出整部《王宝钏》，从而引起万千轰动且才华横溢的她；看到了在上海乃至全国第一家经营女性旗袍引领时尚潮流做着“霓裳羽衣”梦的她；亦看到了在上海“百乐门”翩飞惊动无数男子永做“舞池皇后”的她。

她是以快乐为生活目的的人，在她的生活里便没了爱之繁花的潋滟。因此，她一再以“快乐”的名义，放弃了家族显赫的宋子文，又放弃了绅士却不懂风情的富家子弟李祖法。最后，却和那其貌不扬的熊家七公子结为了秦晋之好。原因无他，只因那熊七公子和她是同一类人，都是把人生的华丽卷交付给“快乐”之人。

至此，她的人生便也没了感情的悬念，一心和她的良人在那艳光四射的上流社交场里舞尽繁华。

40年代，她去了香港，后来移民美国。曾是惊鸿照影来的唐瑛，至今仰赖着那爱自己的姿态，在上海滩的旧影浮华中还香艳、绰约得让人不敢逼视。

※

旧上海是一杯陈年酿的酒，于斑驳光影里飘着淡淡的幽香；旧上海是一幅华丽卷，于斑驳光影炫着绮丽的风华绝代；旧上海亦是一首婉约的歌，于斑驳光影里唱出万千的繁华沧桑。王安忆说：“上海是一个大的舞台，那儿上演着许多故事。”我们也讲一个“旧上海沉香屑”的故事。

20世纪初的上海，“新贵”若雨后的春笋般新奇登场。所谓的“新贵”，不同于传统意义上的老牌贵族：看重血统、门第、出身与名分，羞于言钱，耻于言商。他们是西化了的贵族，地位与金钱同等重要，如当时的唐家，古来官商一体，上海本商埠，在商自言商，钞票不可少。男与女同领风骚，更不在话下。

1910年，我们的“沉香屑”就幸运地诞生在这样一个“新贵”的家庭里。唐乃安看着粉雕玉琢的小女孩，自是欢喜异常，于是，给她起了个心仪的名字：唐瑛。（瑛，玉光也。——《说文》）

唐乃安，清政府用返还的庚子赔款资助的首批留洋的学生，回国后在北洋舰队做医生，后来在上海开了私人诊所，专门给当时的上海大家族看病。所以，家境很是富足。据唐二小姐（唐瑛之妹唐薇红）回忆说：“那时候，家里光厨师就养了四个，一对扬州夫妻做中式点心，一个厨师做西式点心，还有个做大菜。”这样奢华的铺排，想要怎样富足的家境才可以承担？

可想而知，唐瑛是在怎样蜜糖似的环境里成长的了。

唐家是基督教家庭，所以女孩子地位很高，因此，唐家的女孩子都受过很好的教育。唐瑛，当时就读的学校就是中西女塾，即张爱玲就读过的圣玛利亚女校的前身。中西女塾是个完全西化的女校，风格是贵族化的，负责教会学生怎样做出色的沙龙和晚会的女主人。

这个西化的贵族学校，练就了唐瑛一个“金玉翡翠”般精致之身，使她不仅精通英文，还多才多艺。身材苗条的她，嗓音甜美，秀外慧中，长袖善舞，优雅有节，和当时上海滩上名门望族的大家闺秀一样尤其热衷于社交派对，并且成为她们中最吸引人目光的佼佼者。

就是这样一个活在棉花糖里的精致女子，在那时上海滩里翩然起舞，留给我们如许惊艳，亦成就了上海百年城市历史中最华丽的一幕光影，及最浓郁的一道沉香。

至今，她别致的风情还在繁华喧嚣的上海大都市里隐约，且芬芳沉溺。

※

在她所有的传奇故事里，和宋子文的情事最扑朔迷离，亦最是让人津津乐道揣测不已的。穿过迷离的光年，我们依稀可看见于“百乐门”翩跹蝶舞的她和宋子文。

由于唐乃安是沪上名医，整日周旋于名流权贵当中，自然会和许多名门世家有交情。作为“四大家族”的宋氏家族自不在话下，而且唐家的儿子唐腴庐和宋子文还是好朋友，不仅一起在美国读书，回国后还成了宋子文的秘书。

由此可见，唐、宋两家的交情不是一般的深厚。

从中西女塾走出来的唐瑛，年轻漂亮，光彩照人，颀长高挑的身材，配上洋气十足的打扮，浑身都洋溢着西洋女性的味道，加上她又酷爱交际，整日在家举行一些私人的派对，被邀请在列的名流豪门也有当时比较风云的人物。

自然，抢眼的唐瑛身边便围了不少名门望族的“大少爷”。

而作为与唐家交情深厚的“四大家族”，常去唐家的宋子文可谓“近水楼台先得月”，从众多追求者中脱颖而出，成了唐大小姐的男朋友。只是，这段感情却不是一帆风顺，而是历经挫折。

其主要原因是，在唐家人的眼里，从政并不是一份好事业。所以，唐家夫妇对从政的宋子文并没有什么好感，谈及他和女儿的恋情更是持反对意见。

后来，唐瑛的妹妹在回忆中将他们恋情失败的真相告知给了世人：“我不知道姐姐唐瑛和宋子文谈恋爱始源于父亲还是哥哥，但我知道是为什么分开的——我爸爸坚决反对。我爸爸说，家里有一个人搞政治已经够了，叫我姐姐不许和宋子文谈恋爱，怕她嫁给宋子文，家里就卷到政治圈里，我爸爸总是说‘一朝天子一朝臣’，搞政治太危险。”

一段姻缘，就这样不幸夭折在歌舞升平的上海滩。

不过，这段风花雪月的上海往事却在传奇艳艳的上海滩起伏多年。仍是唐瑛的妹妹唐薇红说的：“徐志摩写给陆小曼的情诗，我只看过那本《爱眉小札》，但宋子文追我姐姐时写过的那二十来封情书，我可是看到了他亲笔写的一字一句！”

其情可谓深似海，只是，爱与恨，离与分，都有着决绝的宿命，纵你是那伶仃寡傲的宋徽宗，便也只是在浮生一片的叱咤嫣红中留下静默着的“瘦金体”而已。所以，深谙此理的宋子文退出了这场无望的爱情，虽然他仍爱她如花的容颜。

而那时年尚轻、梦尚长的唐瑛，便也只如安妮说的那样："甜腻黏稠的恋情，令人生疑。恐怕是彼此掉入幻觉之中，翻江倒海，最后爬上岸，发现仓促间不过是池塘里蹚了浑水。"

这情事，于她无太大伤害，只是那昙花一现的绚丽之后的入世轮回罢了！

※

1927年，花样年华的唐瑛嫁给了留法归来、时任市政水道工程师的李祖法。李祖法是上海滩上有名的"小港李家"的家族成员，李氏家族中的人大多是社会名流或富商，李祖法的父亲李云书便是沪上巨贾。

至此，唐瑛迎来了她社交生活的华丽卷。

有人说，上海人历来是喜欢领风气之先的。这点从这样的记载中可证明无误："20世纪初当交谊舞之风东进时，上海出现了大大小小数十家舞厅，场场舞会办到深夜，这在中国算是首创了。"

1933年，由盛宣怀之女盛爱颐提议，商人顾联承投资白银七十万两，购下静安寺有轨电车总站邻近的一片土地，营建高级舞厅"百乐门"。这个在旧时上海滩最负盛名的豪华舞厅吸引了各式各样的名流权贵。据说，张学良时常光顾，陈香梅与陈纳德的订婚仪式在此举行，徐志摩是常客，卓别林夫妇访问上海时也曾慕名到此跳舞。当时，上海滩小K最时髦的娱乐活动就是吃西餐、看电影，最后到“百乐门”跳舞。

一向喜欢热闹，时时可聚集众人目光的唐瑛自不会少了光顾。

让我们回到那个十里洋场之中的“百乐门”，华灯初上，灯红酒绿在迷离的舞步中恍惚，一个风姿绰约若一只美丽的蝴蝶的女子，在众多目光的交织中一次次华丽地转身，且次次掀起高潮万千。她就是我们的“沉香”，时被誉为“沪上第一名媛”的唐瑛。

当时，上海滩有个杂志叫《玲珑》，整天鼓励女性要学会社交，书中把唐瑛当成“交际名媛”的榜样。其实，这“交际名媛”并不是现在流行的一些小说和电影中的那种“交际花”：长得美艳又擅长交际，没有职业，周旋于男人之间，靠男人供养生活，常年住在高级旅馆或公寓里，就像《日出》里面的陈白露。而是，文史作家陈定山《春申旧闻》里面写道的：“上海名媛以交际著称者，自陆小曼、唐瑛始……门阀高华，气度端宁。”

出身名门，漂亮的，善于交际，技艺精绝的唐瑛是当之无愧的“上海名媛”。据说，当时，国外若有什么大亨名流来，她必定出场，而第二天的报纸上必定有她的名字和照片。可想，这“上海名媛”的风华绝代是怎样于20世纪二三十年代的上海滩上璀璨辉煌。

上海女子游弱水说：“上海就是这样一座城市，百年前已是昌繁盛荣之地，时间之轮细细打磨去它的棱角，却越发练就出它的绝代风华，一如美人全因了是时光雕刻而成的那句谚语。”

诚然，上海就这般造就了一个惊艳绝伦的传奇“名媛”。

※

这世间女子都是为“悦己者容”的，所以每个女子心底都隐藏着一个“霓裳羽衣”的梦。那妖娆风情的旗袍，则是女子们心中至美的“霓裳羽衣”。

旗袍之于二三十年代的上海，是一种无尽的妩媚和妖娆，性感和风情。

上海女子把旗袍演绎得最是风情万千、千姿百态。“束身旗袍，流苏披肩，阴暗的花纹里透着阴霾”，这是爱极旗袍的张爱玲笔下的文字。只是她断然想不到，她历时一个生命之久写就的小说《色戒》，如今成为某种口水般的物质，每个人都在谈论它，当然不仅仅是李安及阴柔男子梁朝伟和女子汤唯的床戏，而是一些“欲语还休”的暧昧词汇，比如欲望，比如性，比如男人和女人……而演绎这暧昧的道具便是那妖娆至极的“旗袍”。

试想，于二三十年代的上海滩，一个古韵佳人，温婉如玉，身着那妖娆旗袍，从纸醉金迷的十里洋场里袅袅走来，香肩、蜂腰、玲珑迷人的曲线内敛地演绎着典雅的风情，那必是惊艳绝伦的，一如那绽放的妩媚烟花。

旗袍于唐瑛，亦是她心中的“霓裳羽衣”。

据唐薇红回忆说："我那时最羡慕的人就是我的大姐唐瑛。我最羡慕她什么？是她的十个描金箱子，里面全是衣服，旗袍尤多。她一天在家要换三次衣服，早上是短袖的羊毛衫，中午外出穿旗袍……"

当时，她们家还专养着一个裁缝，专门给她一人做衣服。天生丽质的女子，聪明得很，她每每去逛鸿翔百货，看见最新的服装样子，她并不买，而是记下来和家里的裁缝说，改良后再做出来。

她创新的衣服样子成了引领当时上海服装的潮流先锋。

1927 年，诞生了一家轰动一时的"时装公司"，地址在繁华的南京西路。创办者都是当年的风云人物。

这个专门制作旗袍，并引领时尚新潮流的服装公司，便启用她作为公司的形象代言人。时年，全国各地的摩登女郎、交际名媛、影剧明星们纷纷在旗袍式样上大做文章，而她的"时装公司"因为对旗袍的各种精彩演绎，迅速成为了当时旗袍式样的大本营，吸引了无数上海媒体的眼球，成为各大媒体争相报道的对象之一。

多年后，唐薇红去机场接在美居住的她时，她还着翠绿的旗袍在身。可见旗袍，是她一辈子的心头至好，一如那长开不败之花永不凋零谢色。

※

有人说："上海这座城市啊，骨子里就是风流的。"所以，孕育了像"百乐门"这样男欢女爱的娱乐之地。

每日，从"百乐门"穿梭流转的袅袅佳人可谓万万千。隔着时光我们可遥望，当两名戴着白手套的服务生缓缓拉开"百乐门"黄铜把手的大门时，"交际花"们优雅的身姿如期出现于大理石的台阶，铺着猩红色地毯的弧形转角楼梯，一一展开在她们眼前。于此，她们华丽多彩的如戏人生得以绵软展现：她们风姿绰约、雍容大雅，如一群美丽的蝴蝶精灵，在舞池中穿梭。众多目光交织中，优雅有节地、华而不妖地转身，标致而又香艳。

正因为有这佳人万万千，乱世的上海才成为张爱玲笔下永恒的沉香。

漂亮洋气的唐瑛，是美丽不可方物的佳人，她可以风情万种地吟唱瑰丽缠绕的昆曲，亦可八面玲珑地应酬于各类社交场所，于舞台之中，她更被众多痴情男子所娇宠呵护。由此，她生生把自己的生活演绎于这个绮丽的舞台之中，并且让它如同一株瑰丽的奇花高潮迭起。

唐瑛主演洪深编导的话剧《少奶奶的扇子》时，她就是穿着曳地的长裙在"百乐门"跳舞的。据说，当时她的光鲜亮相便引起炫惑万千，掌声和欢呼声于她每个华丽转身之中此起彼伏。真是应了“女人所以红，因为男人捧；女人所以坏，因为男人宠”的谚语。

都说上海女子自恃极高，这话恐不是虚言，但却未必真是趾高气扬，眼里揉不得沙子的清绝孤高，却多少带着些孤芳自赏的情愫。

这情愫不是矫揉造作成的，而是经由岁月时光雕琢蔓延开来的，这期间亦有艰辛抑或者付出万千。想她唐瑛便是生生把她的喜、她的好，活生生地献给了上海“百乐门”这个大舞台，也因此才成了“百乐门”最香艳的头牌交际花。只是不知，这局面到底是她成就了“百乐门”，还是“百乐门”成就了她。

但是，从唐薇红的回忆中，我们可知，能惊艳四座的背后实是付出惊人的努力的。

她，除练就一副多才多艺之身外，还要注重穿衣考究而前卫。据说，在她的深闺中，Channel No.5 香水、Ferregamo 高跟鞋、CD 口红、Celine 服饰、Channel 香水袋、LV 手袋……凡是法国贵妇人所有的，她都具备。

她，应是现代女子艳羡的“小资”一类吧。

只是，当唐瑛穿着旗袍高跟鞋，奔往“百乐门”跳舞时，在那妖娆的转身中，又有谁知道她是生生让自己的生活戏剧化，让自己整个人飞蛾赴火似的燃烧在其间的呢！

※

张小娴说：“两个人一起是为了快乐，分手是为了减轻痛苦，你无法再令我快乐，我也唯有离开，我离开的时候，也很痛苦，只是，你肯定比我痛苦，因为首先说再见、首先追求快乐的是我。”

唐瑛一直都是那种为快乐而生的女子，情爱于她远没有被万千男子宠爱的荣耀来得真切。她的妹妹唐薇红在接受记者访问时，曾不止一次地提到：“我姐姐她爱玩，爱打扮，爱跳舞，爱朋友，爱社交，爱一切贵的、美的、奢侈的东西——这所有的爱好，到老都没有改变。”

由此可见，快乐于她而言是天亦是地，是她生命之全部。

所以，我们从一些渐渐消失的资料中看到关于她的第一段婚姻情状时便看到这样稀薄的一句话：唐瑛在青春年华时嫁给了上海市富商李云书的公子李祖法，但是婚后夫妻性格不合，于 1937 年离婚，当时唐瑛二十七岁。

诚然，富足的银行家李祖法是不解风情的商人，他的眼底全然都是花花绿绿的钞票，而明艳动人的妻子却是交际场所的高手，亦视“玩乐”于生命。如此大相径庭的两个人想也是过不到一块的。虽当时以“门当户对”之类理由结了连理，却终敌不过时间。故此，她和他的一段好姻缘终于年华细数之中灰飞烟灭了。

不过，男欢女爱之事，当事者自不可轻率为之，旁观者更不必妄加议论。于唐瑛而言，此举便许是那“宁为玉碎，不为瓦全”的决绝，换来的何尝不是一种高的境遇！

想，像她这般貌惊天人、才泽四海的奇女子断不肯就此碌碌地，亦苦等愁煞了那般为她散尽千金、倾尽衷肠只为博红颜一悦的痴情男子。

人说，再是清绝孤傲的奇情女子，一生便也总是要将一颗芳心栽在一个男子手里的，所以，结束了和李祖法的姻缘后，她嫁给了那前北洋政府国务总理熊希龄家的七公子。

熊七公子是当时美国美亚保险公司的中国总代理，不过，这熊七公子却不是那貌若潘安的美男子，个子不但比她矮，还长得一点也不好看。然，他活跃，喜交际，亦懂她，可以和她疯、和她玩，于是，这便足够。

对于一个女子而言，得一知己为夫，便是顶幸福的事了，是无关其容貌、其个头的。

于是，她安然地、开心地做了熊家的少奶奶；于是，她的感情世界里再没了波澜。1948 年，她跟随着他到了香港，后移居到美国。

至此，一代名媛便在繁华的上海滩销声匿迹。

温暖你

人都说，美人骨头轻不过三两，如花的面孔也终会凋零，化身成泥。

但是，与我看来懂得爱自己，懂得从每一个细节呵护自己，懂得任何时候都视自己为珍宝，即可成为永远的一辈子的美人。比如世界女神赫本，再比如我们文中的名媛唐瑛。

所以，在如今，几十年过去，对于爱自己爱了一辈子，也美了一辈子的唐瑛而言，她依然还鲜活地活在每个有上海情结的人的心底最深处，一如那永飘芬芳的沉香，依旧香艳如许，馥丽于心。

由此言说，世间每个女子，都应将爱自己视为自己人生的骨架，才会获得一个真正最好的自己。

# 倾谈十二 苏青

## 就想做个傲骨的美人

世人知她苏青，

便是由那两个艳才情绝的人的文字中晓得的。

不过，无论是张爱玲的《我看苏青》，还是胡兰成的《说苏青》，

诉诸于世人眼帘的都只是一个邻家妹妹的普通寻常。

然，这之外的苏青，

实则是旧时上海滩上一个“极富盛誉的女作家”，

是为一个傲骨的女子。

# 导语

王安忆说，她是个怀旧中的旧人。

当人们对上海这座传奇城市进行追忆的时候，她才姗姗登场。她那活生生的，满溢着生活之细节的文字，原是如此让人惊艳不已。于是，人们便于怀旧中记住了她这么个旧人。

她写弄堂，写胭脂水粉，写婚姻生活，独独不写爱情。于她而言，爱情只不过是那俗世里的一点爱恋罢了；男女间的那档子事，于生活之中延绵也便罢了，断不必使她用笔去记录、去书写的。她只写活生生的生活，细至精髓，让人心惊不已。

出生于宁波书香门第之家的她，免不了接受那媒妁之言、父母之命促成的婚姻。随之，她的生活便陷入那泛泛的世俗之中。若不是那可恨的夫君于外花天酒地而不顾她之生活安稳，她便也可在那油盐酱醋茶的生活里过得红红火火。

她，终为了自己抛却了无以回望的十年婚姻，做了那人前光鲜实则艰辛的职业新女性，以一支“语不惊人死不休”的笔刻画本真的生活。无关它好、它坏，没有禁忌。

于是，她成了让人侧目的“最胆大的作家”。

她更于追逐“俗世中的爱恋”的厌烦中，把世间女子都写作成欲望之中的“蛾”。

张爱玲说她是“乱世里的盛世的人”。

诚然，她本心忠厚，愿意有所依附。只要有个千年不散的筵席，叫她像《红楼梦》里的孙媳妇那么辛苦地在旁边照应着，招呼人家吃菜，她也可以忙得兴兴头头。

只是，世间男子多是些薄情寡义之人，无处可寻到她之所想的那样。

如是，她的红尘楼宇中只剩下了无数春痕在那里。她，唯做了一个傲骨的人，才可以安然地存活在这个世界。

※

20世纪40年代的上海，可谓是个乱世，不幸被日军占领沦为“孤岛”。

于此，这期间许多文化界名流或撤离、或隐居。因而，彼时的上海文坛寂寞得可怕。然，在某一个晨曦，却惊现了两朵别致的花朵，一朵是那个世人皆知的传奇女子张爱玲，一朵是“语不惊人死不休”的传奇女子苏青。

她在自传体的小说《结婚十年》中，尽数用了那大胆的标题和内容，她写初婚的感受、生育的痛苦和欢乐，她亦写婚外恋，写与各种男人打交道，并于书中细微描述着婚姻生活中女性真实的性心理。一时，被称为“大胆的女作家”。毁誉参半中，被推向历史的风口浪尖上。

于是，她的生活陷入恶性循环之中。

她渴望安稳，亦希冀男子带给她爱，然而世间男子多是那薄情寡义之人。于是，她于每次男人们离她而去时，就忍住眼泪说她也是在玩弄男人。而她文字之中的那些男人女人，更是被撕破了温柔的面纱，一步步进逼，叫人无从辩解。

如是，她便免不了被人记恨。男人和女人都把她当作敌人。

孤岛里的人们，便看到一个于乱世中寂静前行的“最胆大的作家”。以其“语不惊人死不休”的言论，搅乱着那时上海滩的男男女女的心。

是真实地活在现世的女子，在一如既往地写着心底的魂，无论好与坏，快人快语地，做了人家芯子里的活。

多年后，我们可从她的文字里辨出上海女子那泼辣的一面：能言善辩，占了男子上风；什么事都懂，没有什么瞒得过眼；厉害、刻薄，却不讨人厌，只是骨子里世故罢了。

还是被历史埋没了。

时代演变，旧的下场，新的上场。当年的声色，早已偃旗息鼓，烟消云灭。一个苏青，又有什么？在人家的时代里，只能是寄人篱下的“乱世佳人”而已!

用一支柔弱的笔，写出“语不惊人死不休”的惊天动地的她，让彼时的上海滩记住了一个叫苏青的“胆色”女子。

她是自恃极高，眼里揉不得沙子的清绝孤高的上海女子，骨子里亦全都是经由岁月时光雕琢的脱胎换骨的涅槃。

苏青，1914年出生于浙江宁波，原名冯允庄。

据说，她的家庭十分富有，祖父冯止凡乃是一介举人，后经商遂成了那时城市里新兴的殷实市民。由此，这苏青亦是那书香门第大户人家的小姐。

苏青的童年，几乎都是在外婆家度过的。在那个清一色女性的古老大屋里，承载了外婆、姨婆、母亲等女性的无私关爱，让小小年纪的苏青，心底充满了无限的爱，这亦对她以后的写作风格产生了很大的影响。

然而，人生并非一切都是完满和美好。

回忆里还有一个父亲的影子，那个叫作冯松卿的人是庚子赔款留洋的留学生。年轻时，多待在国外，对苏青的关爱亦是少之又少；回国后，对家庭亦是不甚尽责的。这些于年幼的苏青而言，是伤痛和无奈。

自古以来，女子于家中的地位都是轻的。

出身于书香门第之家的苏青，虽说有幸受到正规的文化教育，但是在父母的眼里，这到底不是女儿家的正经事。所以，她还是落了和那个时代的许多女性一样的命运，于十四岁那年经由家长之命、媒妁之言与一个叫李钦后的男子订了婚。

1934年，已为南京中央大学外文系学生的她，和在上海东吴大学法律系的李钦后于老家正式完婚。不久，她便因怀孕而退学，正式结束了她少女年华的生活。

之后不久，她和丈夫肄业移居上海。

至此，她的生活便与那个十里洋场、满眼飞花柳絮的上海滩有了绵密的纠葛。

1935年，她为抒发生产的苦闷，写就了那篇名为“产女”的散文，并被发表于时为《论语》的杂志上。由此，她正式踏上海派文学的道路，并与那个传奇的女子张爱玲一起，走了一条现在看来完全是“非主流”的写作路线，一起红遍当时的上海滩，且一起被中国现代文学史遗忘。

然而，她终究是个怀旧中的旧人。当人们在追忆老上海的风花雪月时，张爱玲终于红透祖国大地，而她只一如那影里的旧人，只把一抹春痕隐约在旧时上海的梦里，就此模糊在今人的心里。

※

于苏青而言，这场婚姻是“旧式”的，完全与“爱情”不沾边。所以，多年后，她如是轻省回望地写出这样冷僻的句子：“婚姻不如意，便是顶薄命的事，理想婚姻是应该才貌相当的。”

于是，世人仿若可以看到那个因无爱而决绝的凌厉女子曾怎样的彷徨疼痛着。

是有过爱情出现的，于她生命里。

但对她而言，却是苦涩悲凉的。大学里的那次情动，于开头算不上浪漫，于结局也只剩下悲凄。于是，我们在她的自传体小说《结婚十年》里看到："应其民在知道她有了未婚夫后，唯一过激的反应也不过是将一枝三颗的樱桃摘去最小的那颗，然后把连理的两颗递给她，伤心地说：'我是多余的。'然，她亦没做过任何努力于这段感情，青涩的两个人就这样哭过一场便把感情的伤掩埋。"

无奈之下，生活就此进入所谓的轨迹，她以青丝如黛、红颜初艳之好年华成了他李钦后的妻。如此，开始养儿育女，相夫教子，且日日里尽是些柴米油盐，与长巷深院中芸芸众生绝无二致。

寂寞、孤独、无聊、烦琐的主妇生活，生生将生性活泼好动的她压得喘息不过来。而身边那个同床共枕的男人，更是暴露出自私、懦弱、虚荣、没有主张的恶劣来。生活真真仿似那"一袭长满虱子的华丽袍子"，有万千的难以忍受在里面。

让她心死的，是那个她说不上爱也说不上不爱的男子的外遇。那个受过高等教育，端拿着大律师的道貌岸然的丈夫，日日于上海灯红酒绿之中逍遥买欲，独独忘了家中还有妻儿要养，更甚的是他极不负责任地拒绝承担生活费。

中国的旧式女子怕是女人里顶顶悲哀的，不过是男权社会里分得甚为清楚的十等男人后的“第十一等”的人，千篇一律地被冠以“贤良淑德”的美名，就此失了自己的脾性好恶，低到了尘埃里。

所以，当她向那胡来的少爷乞求家用时，得到的只是那一记响亮的耳光，及那伤人心的话：“你也是知识分子，可以自己去赚钱啊！我可没有固定的收入，所以也不能给你固定数目，你爱怎样便怎样，我横竖不大在家里吃饭……老实说，就是向我讨钱也该给我副好嘴脸看，开口就责问仿佛天生欠着你似的，这些钱要是给了舞女向导，她们可不知要怎样奉承我呢！”

于此，她不得不让自己成了娜拉，开始醒悟，原来女子除了婚姻子嗣更该有着自己的理想追求。

1944年，她与他离了婚。这一年，她三十一岁，结婚整整十年。

这段婚姻，于她而言真真是无以回望，顶薄命的一件事情。

于是，我们看到她这样的文字：“我要说我所要说的话，写我所要写的故事，说出了写出了死也甘心。我把自己的生活经验痛快地写，一字一句，说出女人的痛苦，有时常恨所有的形容字眼不够应用。我焦急地思索着，几乎忘却了自己的存在。”

如此，若她“宁为玉碎，不为瓦全”，何尝不是一种境界！

※

古今中外男子，历来薄幸寡情，他们朝秦暮楚的心思如水游弋不止，而女子却多是不顾男人形容外貌肯与其终身厮守的。想来，真不禁心寒如那夜水，骨子全是那心灰意冷。

想她苏青，离婚后顶着独立新女性的头衔，日子自是艰忍难熬的；更是为那一身瘦影在床，人形溃败的。

于是，我们在她的传记小说中看到这样的影射：“……天下竟没有一个男人是属于我的。他们也常来，同谈话同喝咖啡，也请我看戏，而结果终不免一别，他们别开我，就回家休息了。他们有妻、有孩子、有小小的温暖的家，就算是同我很要好，又怎肯放弃他们的已经建筑起来的小家庭呢？他们对我说那是没有办法；没有办法？哼，那我的丈夫怎么有办法同我拆散了这个家呢？我恨他们，恨一切男人，他们不肯丢弃家，至少不肯为我而丢弃，我是一个如此不值得争取的无价值的女人吗？”

事实上，她的身边从来是不乏男人的，他们欣赏她，引她为红颜知己，和她谈文学人生，然而他们多有妻儿和戒律标准，全然都是不属于她的人。于是，他们一个一个地接着走掉。可是，身在俗世红尘，竟还是免不了那些男女之间的那档子事儿的。于是，她仍是要他们的，日日里身体亦是迎来送往。毕竟是一个正常的女子，断然不会成了古典爱情小说里那种为了破碎的爱情终身守节的标本。

她是有所希冀的，于这无望的俗世红尘中，她亦希冀真爱、承诺，及那温柔的归属。只是，她最后希冀到的却全然是架构于无爱之中的那层叠的性。于是她“悔恨交并”，忍住眼泪说她也是玩弄男人。

不过，她毕竟不是乔治·桑，于情欲骄纵混乱中也可安然无所谓。她仍是被“贤良淑德”之类古训影响着的中国女子。于是，她的心底遂有了那耻和悔：觉得自己“吃了亏，还没处诉苦”，甚而“恨不能把自己毁了”。

但，她并没有毁掉自己。

不过是俗世中的一点爱恋罢了，断不可使她伤心至断肠的。十年婚姻再是不可回望，都可让她拥有一颗强壮的心。爱恋状态下，她亦可拥有亦舒说的那种“丢在泥淖里还是啪啪跳动，淌着血”的心。

※

苏青之前，没有一个中国女作家能像她那样直言不讳地谈“性”。

她，把女人温情脉脉的假面撕掉，还原出一张“饮食男女，人之大欲存焉”的真面目，可使无数女子花容失色，亦可令一些卫道士暴跳如雷。实则，她的“赤裸裸的直言谈性”，是让许多的正人君子挑灯夜读，捂在被窝里窃笑的。

她写：“欲望像火，人便像扑火的蛾，飞呀，飞呀，飞在火焰旁，赞美光明，崇拜热烈，都不过是自己骗自己，使得增加力气，勇于一扑罢了。”

如此，一语言中了世间女子都是那欲望之中的“蛾”，都有为那爱欲、情欲而飞身赴火的决绝。

她是深懂女人的，亦深知男人心机的。于她眼中女子全然是那欲望中的“蛾”，男子则全然是那薄情寡义的“负心郎”，多是靠不住的，见异思迁得很。家中有娇妻，却还要于外面厮混一个情人，这还不能够满足，于是就去嫖妓。

如是深懂，让她的文字有了“语不惊人死不休”的惊世骇俗。

人说，惊世骇俗的原是最招人骂的，但她不怕挨骂，仍要发表言论：“夫妻是否日日同居或夜夜同床尽可由他们自己去决定，分居并不碍着众人什么事，同居亦不见得肯分惠些什么给众人也。”这言论一出，便是在沪上之地“一石激起千层浪”。

如此，别人便对她另眼相看，然多半是侧目而视。

不过，她索性就豁了出去，用那拉家常的语气谈着这些事，且还妙语连珠的。

她言：“男人是坏的，因为他们爱情不专、不永久，但其实这可能是他们生理上的本能，他们至少是真实的。他们喜欢年轻美貌的女人，因为年轻美貌直接引起性的刺激，那就是真实。女人口口声声说是喜欢某男人的道德、某男人的学问，或者内心暗自估计他的地位金钱……”

由此，有学者如是说：她是一个“无须长发蔽体，也能裸身驰马”的女人。

写就一部上海《长恨歌》的王安忆曾如是说：“苏青是有一颗上海心的，这颗心是很经得住沉浮，很应付得来世事。”

如是，我们看到了一个于乱世中坚忍的、独立的单身女子，以一身的傲骨飞檐穿梭于她自己的红楼之中，留下一些看似无关痛痒，无关风月琐碎的句子，实则那处遗留下的全然都是春痕似海的伤痛。

其实，她只是一个平凡的女子，一如她小说中的女子，天真、感性、琐碎、软弱，渴望爱与依靠。所以，张爱玲说：“苏青的讽刺是不彻底的，她对人生有基本的爱好。”因而，尽管她脸上有看透一切的讽刺的笑容，但她还是要在红尘楼宇之中兜兜转转，即使得不到她想要的爱和恩慈，却还要自己奋不顾身，飞蛾扑火。

人说，上海这地方的高楼和马路，哪一桩是精神变物质地变出来的？全是一砖一石垒起来的。你一进这城市，就好像入了轨，想升，升不上天，想沉，也沉不到底，你只能随着它运行。

因而，她让自己变得更强大，她开始经营自己所写的书，亦办了那收拢了不少知名作家的《天地》杂志。

她是深知乱世里的男女欢爱是由人情世故里滋生出来的一夜夫妻百日恩爱或相互体己罢了。于是，在报纸边角里，她开辟了一个小专栏。除却风月，她什么都谈，谈男人女人，谈结婚离婚，谈子女家长，谈职业人生……

王安忆说："上海这地方做人的欲望都是裸露的，早已揭去情感的遮掩，有一是一，有二是二。"

这样的上海之地，她断然不能再靠那"爱"来安慰了。于是，她便只在自己的"红尘楼宇"中书写那一纸的细碎和无爱的真实。幸运的是，上海繁荣的报业成全了她，庞大的市民读者成全了她。

如是，她便将细碎生活做舟筏，寂寂渡过那苦海，在城市最黯淡的时光里，可从那紧掩着的三层阁楼窗户里，飘出一丝小壶咖啡的香气。

张爱玲说："蛮荒的日夜，没有钟，只是悠悠地日以继夜，夜以继日，日子过得像钧窑的淡青底子上的紫晕，那倒也好。"

于我看来，苏青在自己的"红尘楼宇"中，也是这样日以继夜，夜以继日地过着，春痕满处也好，淡淡紫晕也罢。

※

我想，把真实生活写得淋漓尽致的苏青是有先知先觉的吧。

早年间她于《续结婚十年》中写过这样的句子：“他们都是骗我的，也许将来我还得受孩子们的骗，辛辛苦苦一场空呀！”

诚然，生活便是这般地给她以捉弄，竟真的应了验。

当新中国成立伊始，当张爱玲眼见花开无人赏，别人的热闹亦是和自己不相干，于是远走高飞时，她苏青却因着骨子里是个天真热心的人，想着一个新的社会总是好的，便在了上海紫祥里于芳华越剧团里热热闹闹地安了营、扎了寨。

过的依然是真实的日子，却也因着自己扎实的文学功底，亦写出了不少好剧本。然而，人世浮华如梦，沧桑过眼如云，好日子才开了头，厄运便从天而降，史无前例的“政治风暴”掀翻了汪洋里的无数扁舟，她也不能例外。

她被投放在一个叫“提篮桥”的监狱，过了一年多白日不可辨黑夜的牢狱生活。出来时，已物是人非，被开除公职，贫病交加，一无所有。当她求助于至爱骨肉之时，寒更由心底凉，对方声称：已与她划清界限，从此断绝往来。

面对亲人的无情，她唯有躲在真实生活之下隐匿地过活。她闭门谢客，只守着满园的花草，她说：“这些花是我生命末期的伴侣。”病中的身体，于时间的飞转流逝中愈来愈恶化，她并不去医治，一任它如同恶魔般侵蚀她的身躯。她是已经对生活失望了，抑或是绝望，唯一希冀的便是快快死去，好让那不如意的险恶的世相如那滚滚东流的逝水般流去。

忽不见了那个用十年走完百年路的坚韧女子，关于她的那些繁华过往便都隐匿于那梦里，便只成了繁华旧梦一桩而已。

“生命不过是一场坟地里的盛宴，饮罢唱罢，死亡就微笑着翩翩飞临。”1982 年 12 月 7 日，身患糖尿病、肺结核的苏青于上海寂寞离世，时年六十九岁。

据说，当时灵堂里没有哀乐、没有花圈，前来送行的亲友也只不过四五个人，全部的送葬时间仅七八分钟，十分凄凉。

“什么地方是我的归宿？”苏青曾在《归宿》一文中言之凿凿地如是说过。

可是，时至今日她依然没有归宿。因为，今人还没有谁可寻到她那“文人苏青之墓碑”。

安妮宝贝说:“有些人是可以被时间轻易抹去的，犹如尘土。”而她苏青却不能，因她是净土，傲骨凛然的净土，这般的净土有时不在那辽远的世外桃源，而就在你的心里。即使我们寻不到那显石显字的文人之墓碑，她的傲骨的灵魂亦仍是存在于那“善良与爱”里的。

所以，无论归宿如何，她苏青永都是人们心中、爱玲眼里的明亮的中国风的房间内那“雪白的粉墙，金漆桌椅，大红椅垫，桌上放着豆绿糯米瓷的茶碗，堆得高高的一盆糕团，每一只上面点着个胭脂点”的傲然的女子。

令万千女子，所仰慕，所仰止，所渴念成为之。

## 温暖你

不爱张扬、性格温和的苏青，是你我身边那种最最普通的女子。她把机锋藏起，在家庭和婚姻中消磨自己，只求得一家的团圆，儿女的平安。

然而，她又是特别难得的有着激烈生命力的女子。

——她虽“只要有个千年不散的筵席，叫她像《红楼梦》里的孙媳妇那么辛苦的在旁边照应着，招呼人家吃菜，她也可以忙得兴兴头头”，但，倘若家里的那个人负了她，她并不会为此一蹶不振、就此消极，而是决绝离开，用自己的坚强面对、认真生活，尽自己最大可能让自己在事业中拥有一席地位，让自己可以靠自己活得好一些，更好一些。

人说，婚姻里，一个女子若是逢着一个不知冷知热的温情男子，是顶顶不幸的事情。往往，婚姻也会陷入不幸。

然，我说，假使真的不幸在婚姻里逢着这样一个负心的人，也不要消极对待，而是像苏青这般。

如此，才是女子最好的选择。

# 倾谈十三 孟小冬

## 做美好的女子

她，是这样美好的女子——
仿佛门环上的老绿，滴出暗锈来，
摸一把，似摸到记忆，而推开门，
却看到院子里，满目荒愁。
她一袭男装，凛凛然站在戏台上，唱着“一马离了西凉界……”
让世人深刻地记了一个世纪！

## 导语

人都说，写梅兰芳可以略去孟小冬，但写孟小冬则不能不提梅兰芳；同样，杜月笙传可以没有孟小冬，但孟小冬传里则绕不开杜月笙。一生傲岸的她，在两个男人的光环背后，走出的却是属于自己的传奇人生。

她是一个感性的人。

1925年，十四岁便大红大紫的她毅然为了事业放弃爱情，离开了日后上海黑帮的大佬杜月笙，奔向梨园的“天堂”——北京；后来，正值事业如日中天的她又愤然离开北京，甩开“梅孟之恋”的“戏中戏”，回到已经是杜月笙只手遮天的上海，开始了深居简出的隐匿生活。

她的一生足够被称之为传奇。

在杜月笙六十岁寿辰之时，已经四十多岁的她以一曲《搜孤救孤》再次轰动了上海滩，成为名副其实的“实力派偶像”。这个经历了人间无数苦难的“天下第一老生”，始终傲然立于尘世间。然世事弄人，直至1949年中华人民共和国成立，随杜月笙避难香港的她，却始终是一个妾的身份！

19世纪初，在上海老城厢古城墙旁，当时住在附近的艺人每天早晨在此吊嗓子，其间有一个五岁的小女孩，她的嗓音略带一些稚嫩，但在她的姑父看来，不久的将来她肯定是一个响当当的“角”。

她是梨园世家出身，每天在戏曲中熏陶，除练就了傲人的“金嗓子”，还练就了一副铮铮傲骨！在之后的人生岁月里，她始终是戏台上的“皇”，直至安静地躺在棺材里，也依然带着震耳欲聋的“回音”。

她亦是一个傲岸的人。

面对梅府“枪案”，她没有像梅先生那样谨小慎微；面对福芝芳的排挤和梅先生的为难，她甩下了一句“我孟小冬要嫁人，也嫁一个一跺脚四城乱颤的‘主’”后毅然离开；面对年华老去的昔日上海“皇帝”杜月笙，她却露出了温柔的一面，在杜大亨辞世前的两年，她散尽了积攒了一生的柔情……

20世纪60年代初，周恩来总理曾委托著名小生姜妙香捎话，请她回大陆，但是她始终没有回来。以孟小冬和杜月笙的关系来说，若是她当时回到大陆，恐怕也过不了“文化大革命”这一关。虽然说，她是京剧界最著名的客死他乡的艺人，结局有些悲凉，但还是安详的。

※

1908年，一个在十里洋场卖梨的年轻人，凭着一身的胆识把梨卖进了“黄公馆”；而就在这一年，一个叫作雷玛斯的葡萄牙人在美租界乍浦路中西书院北首112号（靠海宁路）创建了虹口活动影戏园，两年后改称为虹口大戏院；同年，一个仪表堂堂、气度潇洒、举止端庄的年轻人，由梅小生更名为梅兰芳，从此“梅兰芳”这个名字再也没有退出戏曲舞台；在这一年到来前数天，在上海滩一个靠近法租界的民国路一条弄堂中的普通楼房里，一个小生命呱呱坠地，父母为其取名孟小冬。当时的人们还不清楚，这三个人和一个戏院会有怎样错综复杂的感情。

孟小冬出生于1907年农历冬月十六，因而取名叫小冬。

小冬的家可谓是唱戏的世家。当时，唱戏的还被称为“下九流”的行当，然而，在“下九流”的行当里，老孟家算是很吃香的。在孟小冬家，逢年过节聊得最多的，就是祖父孟七了。孟七可以算是整个梨园界的老前辈，让他一炮而红的是他曾经在英王陈玉成办的科班里教过戏，这可是“下九流”里上了“厅堂”的大事，这也成了老孟家族的荣耀。

就是在这样的荣耀下，孟小冬从五岁开始就随着父亲孟鸿群，每天早晨吊嗓子。然而，当时女人在戏班子里是吃不开的，所以孟小冬并没有受到家族的严训，也就是没有把她当重点培养对象。

看着孟小冬一天天地成长，一个好苗子就要被淹没在“大门不出，二门不迈”的封建传统之中的时候，她的姑父站了出来，成为她的启蒙老师。

既然要打破这种制度，就必须管教出一个“可以影响时代的人”，所以，姑父仇月祥对她管教非常严，艺术上稍有差错就会责打。一个日后成为“冬皇”的女孩子的童年，就是在不断的责打中慢慢地成长着，一直到她十四岁那年。

现在已无法考证，是经过怎样的周折，她的姑父抵住无数亲人和社会的反对，把孟小冬推上了虹口大戏院的戏台。姑父是唱老生的，所以孟小冬也同样唱老生，是金子无论穿上了怎样的“外衣”，她始终都会发出光芒。没几场戏，孟小冬就声名在外了，只要有她出台唱戏，场场爆满，票价也飞涨。不久，在人们心中，一个上海滩的名角便冉冉升起。

所谓天才，即天生就是一个有用之才。孟小冬亦是一个天才，因她凭着自己的才艺创造了两个传奇：孟小冬的崛起，为女演员在京剧舞台上争取了应有的地位，同时也打破了“女人不唱戏”的封建传统；她先后嫁给梅兰芳和杜月笙，这是那个时代的两个代表性人物。

孟小冬亦因此成为了当时茶余饭后人们私聊最多的传奇女人。

※

当然，很多历史不可能完全展现在我们面前，正如孟小冬与杜月笙的爱恋也不可能完全展现在读者面前一样。我们只能从历史的蛛丝马迹中，窥探他们那一段乱世中的爱恋。

依据杜月笙的后人杜美如回忆，早年杜月笙便与孟小冬结识了。当然，依据杜月笙对京剧的狂热来推断，他们早年的结识也在情理之中。

杜月笙喜好京剧，有“天下头号戏迷”之称，有了权势他曾兼任多家票房的理事。他自己开设的恒社，也专门设有京剧组，名伶马连良、高庆奎、谭富英、叶盛兰，名票赵培鑫、赵荣琛、杨畹农等人，都是该社门徒。他的戏瘾亦很大，不光爱听爱看，他还给自己请专人教授，学会后就到票房里走票。

1925年，孟小冬十七岁。这一年，她离开上海，远走北京。就是在这一年，杜月笙在租界与军阀当局庇护下，成立“三鑫公司”，垄断法租界鸦片提运，势力日大，成为与黄金荣、张啸林并称的“上海三大亨”之一。为什么偏偏在这一年孟小冬远走北京？两个人之间究竟有怎样的故事呢？

一种说法是：杜月笙在1925年就开始喜欢小冬，只是小冬当时年纪还小，而他又忙于“事业”。所以，两个人没能有过多的交集，但彼此间肯定是有爱慕之心的。

另一种说法是：孟小冬很早就和杜月笙在一起了，他们的关系是高兴时在一起，不高兴时分开，虽不在一起住，却是事实上的夫妻关系，差不多有二十年。杜、孟的感情，无论是时间跨度还是感情深厚度，都不是梅、孟可比的。

世事沧桑，我们无法证明他们之间究竟是什么样的关系，但是，他们很早就结识是确定的。从时间上推算，小冬十四岁就在戏台上大红大紫了，十七岁时才离开上海，中间的三年时间正是杜月笙崛起的那段时间，以杜月笙的性格，追求小冬也是无可厚非之事。

那么，在小冬去北京闯荡之前的时间里，我们就把它当成一次美丽的邂逅吧！

1926年，十八岁的孟小冬辗转来到京剧的大本营北平。当然，这个时候的她已小有名气，在韩家潭的几次堂会后，“天下第一老生”的名号便已经叫开。

梅、孟二人那时可谓北平响当当的“角”。

戏中她是台上的七尺男儿，梅则是纤纤女子。他们在不同的舞台演绎着别人的人生，本是不相干的两人，却因着戏的缘由相遇，并演绎出舞台下独属于他们自己的人生。

那是1926年下半年的一天，当时北平政要王克敏过半百生日。王克敏是北平出了名的一个戏迷，他过生日当然要开堂会，既然开堂会必须会请“角”啊！于是，在韩家潭的一亩三分地儿，三个当时京城最大的“角”都被邀请在列：于叔岩、梅兰芳、孟小冬。

一切缘分都源于戏，无论是好还是坏。就这样一个是须生之皇，一个是旦角之王，在韩家潭金碧辉煌、耀花人眼的舞台上上演了一幕王皇同场、珠联璧合的戏，演绎的是剧中的人生，也是她和他的戏。

一曲《游龙戏凤》赢得了满堂彩，尽管孟小冬扮的皇帝戴着长长的髯口，而梅兰芳扮的是活泼天真的少女模样，但是观众心里还是把他们阴阳颠倒，当成舞台下的面貌来看待：正德皇帝就是那位二九年华、楚楚动人的美丽姑娘孟小冬；而当垆卖酒的小姑娘李凤姐，还是那位怕难为情的美男子梅兰芳。因此台上梅、孟表演戏耍身段时，台下简直是开了锅，人人起哄，不断地拍手，不停地叫好。尤其是梅兰芳戏迷中的一些中坚分子，更是极其看好他俩这段假戏真做的戏缘。在他们心中，两个人就是天作之合！

孟小冬不是一般女子的美，她的美是一种带有男性味道的美，阴柔、隐忍中又夹杂着豪爽之气。她是外在鲜亮、骄傲，内心柔软、坚忍的优质女子，爱上当时最春风得意的梅兰芳是理所当然的事。在孟小冬的心里，梅兰芳就是她戏里的“白马王子”。想当时，梅兰芳有着男人的青春气傲，亦梦想着占有更值得的女人。所以，经好事人撮合，很快两个人就走在一起。

1927年一个风清月明之夜，洞房花烛，红罗帐中，鸾凤和鸣，鸳鸯交颈。梅、孟二人彼此间少不得山盟海誓，遂也说了些愿白头偕老、终身无悔、永不变心之类的话。

婚后，两人并没有住在梅宅，而是住在了北京东单附近的内务部街。

不知道是不是这样的简单注定了这段姻缘会因此而崩溃，还是简单本身就是一种疏忽。正像后来小冬在回忆中提到的那样：当初的兴之所至，只是一种不太成熟的思想冲动而已。

1931年夏天，将梅兰芳养育成人的大伯母去世，小冬也头戴白花前往悼念。虽说小冬嫁给梅兰芳已经四年了，但是她还没有进过梅宅，她想趁这个机会进去看看。谁知道到了梅府却进不了梅府的门。因为她穿着孝服进了梅家的门，就算梅家的人了，所以梅兰芳那个“厉害”的福二奶奶是无论如何也不会让她进的。就这样，在舞台上叱咤风云的孟小冬硬生生地败在唱青衣的女子手下。想来也是，唱青衣的终比唱须生的孟小冬懂得以柔克刚。最令人心寒的是梅兰芳也不让她进去，冷冷地说道:“你回去吧！”孟小冬犹如含了个冷生生的馒头哽咽在炎热当头的北京街头，最后冷着脸离开梅家。

就这样，梅兰芳的冷酷与懦弱，把孟小冬的菟丝之托变成了一种可笑的奢望。现实里，孟小冬渐渐拨开舞台上的迷雾看清为名利而奔忙的梅兰芳，与俗世的男人并没有两样。戏中与戏外毕竟是两个世界，只是最初的自己一直在镜中看花，把所有的事情都美化成戏梦而已。

她和他的这一段姻缘，末了只不过是她和他舞台上千万般辉煌中一时的幻彩。终会曲终人散，空寂寞。

※

自古才子佳人都只是风月戏中的主旋律，而来不得半点真。这句半调侃、半事实的话是无论如何也不会让人联想到梅兰芳和孟小冬的。

然而，世间事终难料，无人能揣测。事实上，他们的确是因为一些俗世的纷争而分开的。本该共患难，却因都是世间凡人而不可若戏中美化之人来看待，因而落得悲剧收场。

其实，在第一次遇见梅兰芳的那刻，孟小冬就已知道他是有家室的人，但是固执且坚持如她，始终抱着那份少女的单纯和对自己生活的理想与梅兰芳生活在了一起，从此幻想着天长地久地生活。然而他们过的却是“最时髦”的同居生活，万千宠爱集于一身的孟小冬不过是梅兰芳的一个妾而已。

为了避开梅家人的扰乱，他们另外在东单内务部街一条胡同里租了一个小屋子，孟小冬被梅兰芳“金屋藏娇”起来。这种事在旧社会里本是司空见惯，不足为怪的。然而，孟小冬是一代坤伶呀！嗓宽韵厚，扮相俊美，台风潇洒，蜚声菊苑，不知倾倒了多少戏迷，李志刚就是其中一个。孟小冬的戏，他竟是一场也不落下。最后，这种痴狂发展到了极致，他发现自己单恋上孟小冬。眼见孟小冬嫁给梅兰芳，知道自己的“玫瑰梦”破灭了，于是伺机报复，正所谓因爱生恨。然而，令他想不到的是，张汉举当了替死鬼！

发生如此血案，一时谣言顿起。梅党及家人以保护梅兰芳安全起见，纷纷倒戈支持福芝芳，竭力拆散此段佳缘。梅兰芳的名字和命案绯闻纠缠在一起，这对他的发展来说是巨大的障碍和危险。因此，这个俗世男子的心中也多有不满，由此对孟小冬渐生厌弃之心。尝尽人间冷暖，即使再骄傲的孟小冬也会万念俱灰。这之后的孟小冬，亦渐渐看清舞台之外的梅兰芳。

人间几十遭，只叹世间事！

到了1929年，梅兰芳将赴美演出，又引出一件麻烦事：孟小冬和福芝芳到底谁跟梅兰芳访问美国，在全世界面前以梅夫人的身份亮相？当时已经怀孕的福二夫人为了能够随梅兰芳出访，毅然请医为之堕胎。事情到了这一步，简直带着血腥了。最后，梅兰芳只好两个都不带。

接着，便发生了那场吊孝风波。自以为已是梅家一员的小冬前去梅家戴孝，却被梅夫人福芝芳羞辱。在外边挣足面子，深得万千人喜爱的她怎能受如此的冷遇？而梅兰芳的附和让她更是心寒，再加上对于梅遇刺的事，还心有余悸，她决定和梅分手。当梅来到她家时，她听着门外如急雨般的敲门声，却始终不敢开门，她害怕自己的一时心软就会让痛苦延续。梅兰芳撑着伞在雨中等了一夜，才怅然离去。谁知道，这一离去，竟然就成了此生的永别。

人世间的事或许就是这样的阴差阳错，或者说是造化弄人，使得本来的双飞燕成了陌路人。本是神仙眷属的两人，也不得不劳燕分飞。待到数年后，梅兰芳重返京都时，孟小冬已视梅郎为陌路，一生再未与其语半句。

与梅郎雨夜的决绝，正是孟小冬特有的骄傲。

但是，三载情缘空成恨，怎可能不伤心欲绝？独处的她，也曾欲以绝食自绝性命，如若不是家中长辈多方劝慰，孟小冬的历史，在那一晚，就会做个了结。

换成八卦的电视剧，一定会大书特书那一个雨夜。只是红楼夜雨隔帘冷，错落开八十多年的时光，我们看不到事件的真相。

唯一知道的，是1933年9月5日、6日、7日在天津《大公报》第一版上，孟小冬天天连登《孟小冬紧要启事》："冬当时年岁幼稚，世故不熟，一切皆听介绍人主持。名定兼祧，尽人皆知。乃兰芳含糊其事，于祧母去世之日，不能实践前言，致名分顿失保障。毅然与兰芳脱离家庭关系。是我负人？抑人负我？世间自有公论，不待冬之赘言。"

她的骄傲，在于那八个字："名定兼祧，尽人皆知"。梅兰芳虽是自己准备托付一生的夫君，但梅府吊孝的那一场事件，却叫她看了个真切，原来他也只不过是个俗世男子，在她被福芝芳挤对之时，他能做的，只是叫她退让。

只是，纵是一代名伶，仍然是女人，经此打击，也是痛不欲生，一度在天津居士林皈依佛门。

所幸，前方还有余叔岩在等待接引她。

余叔岩是民国初年京剧界惊才绝艳的人物。关于余叔岩的故事，她听得一直很多。评论大抵不过"恃才傲物"四字，但因确系一代宗师，数十年来，竟无一人敢言个"不"字。

她心中也一直期望有日可以身列余家弟子门墙。若可，这一生，也便了无遗憾。更何况，没了情感所系的京城，戏剧，才是她唯一可以寄托的目标。

几经周折，孟小冬终于夙愿得偿。1938 年 10 月 21 日，她在北京泰丰楼正式拜余叔岩为师，成为余叔岩的关门弟子。

余叔岩习惯晚上工作，因此往往到了晚上才开始给孟小冬说戏。北方冬日凛冽的冬夜，寒意逼人，呵气成霜，窗中的剪影，一个眉眼，一个手势，为务求完美总要从根底研究，终将字、腔、音三者熨帖融合，臻于化境。这样刚烈的女子，彼时忘却了“冬皇”的虚名，忘却了曾经的前尘往事，只认认真真地做一个真正的余派弟子。

对于孟小冬，余叔岩可谓爱护有加。孟小冬是聪明绝伦的，天生为戏而生的女子，在自己病势日深，孟小冬亦以弟子之礼，侍奉汤药一月有余。身为师长的他感其敬师之诚，把自己演《武家坡》中薛平贵的行头赠给她继承使用，以为纪念。孟小冬在京的每次演出，他都不顾病体为她捧场。

孟小冬作为余派传人最精彩的亮相是 1947 年 9 月，在上海中国大戏院“杜月笙六十华诞南北名伶义演”中出演的《搜孤救孤》。此时，孟小冬的唱功炉火纯青，句句珠玉，扣人心弦，如阳春白雪，调高响逸，一时传为绝唱，盛况空前。至此，孟小冬已完全确立了中国京剧首席女老生的地位。她从未想过自创一派，甘于隐匿在余叔岩的光环之后，是她对师尊的尊敬，更是对自己艺术生涯的冷静选择。

只可惜，这位戏剧史上最著名的女老生的最精彩的亮相，也不过只是烟花刹那一瞬间。往后，她的荣光，完全被收拢于上海滩杜氏的石门大屋里。

※

邂逅过成就非凡的男人，这个女人也被留名青史。

孟小冬的传奇在邂逅梅兰芳之后，还有更大的波澜再起，那就是和当时上海滩最知名的闻人杜月笙的再次相遇。

只是，此时的杜月笙不再是当年的那个人了。记得1925年，她在共舞台演艺，他只是台下捧场的小喽啰；出将入相的门帘一出来，府杭丝的行头，水钻的裙衩，光彩闪耀底下，他不过是衬托这光彩的那个充满爱慕的人儿。而今，他已是旧时上海滩的一个符号，大公馆、青红帮、百乐门、苏州河、上海风云无不与他有丝丝关联。

那年，被梅兰芳深深伤害的孟小冬开始因工作的关系到各地演出，那次到的是孟小冬曾经成名的上海。由此，便也促成她和杜月笙那次柔情万千的邂逅。

不过，孟小冬与杜月笙的情缘早已遗失在光影里，无论有心还是无意，所有线索都是断续的尘灰吊子，终竟无从拼凑。只能任后人随意敷衍。

然，流传下来的故事里，这个男人待她很好。之于20世纪30年代的上海，他更像戏文里的架子花脸，骨子里的邪气、霸气，横扫着上海滩几十年；而之于她，不过是长久以来待她最温和的一个男人。

当她与梅兰芳曲终缘尽，悲愤离婚。那时，他是腻友姚玉兰的丈夫，上海滩的闻人，不过还是为她出面，在伤痛婚姻上争一口气的可信任的朋友；最后一纸离婚的契约，是他从旁佐证；他还问她，你要仔细思量。他是这样细腻绵延的温情男子。

1935年，她跟从余叔岩学艺，老派的梨园规矩众多，所谓的尊师重道，是余家上下都必须打点。当余家女儿出嫁，她送出满堂的红木家具。但是彼时她已久不演出，所花费的，无不是他无声的支持。

这些细细碎碎的关爱和呵护，对于感性的孟小冬来说，不是没有感觉的。于是，在杜月笙过六十岁寿辰之时，久未登台的她特意排练半年之久，来应杜月笙的邀请登台为其演出，且足足唱够了八天的压轴。她始终要好好酬答呵护她的人。

他是她一生的知己，二十年了，他之于她的全是情深意重，始终润物无声地爱慕着她，怜惜她的甘苦，让多年漂泊江湖的孟小冬感念于心。

于是，后面的日子，是她要酬答他的知寒知暖。入杜公馆之后，她对一切都淡而化之。她一直沉默寡言，对一切看不惯、听不得、受不了的事情都漠然置之。只反过来，细细呵护陪伴着这个别人眼里霸道，于她却柔情万千的男子。

据说，在杜家她只为自己说过一句争辩的话。当他们举家迁往香港的时候，一家人在数着要多少张护照时，她淡然的声音突然飘过来："我跟着去，算丫头呢，还是算女朋友呀？"杜月笙一愣，这才有了六十三岁的新郎和四十二岁的新娘。至此，孟小冬故事里的一个关键词——名分，才终于有了着落。

究竟还是争了。这句话，她原是说不出口的，但绕了那么些年的恩爱情仇，终归还是不甘心的。也许，此时此刻，她又想起了梅兰芳，他婉转地描了眉，敷了粉，在杜家的堂会上轻提了嗓，唱一句："妾身未分明。"

然，此时的英雄已非盛年，不过是一年逾花甲的病翁。而孟小冬是念情之人，自上海到香港，从繁华到衰败，几十年风霜雪雨，素衣侍疾，一直在他身边不离不弃，他是不是大亨与她无关。两人都是看尽人间春秋冷暖之人，深知最为可贵的是何物何情。就这样在对着、看着、慕着的时光里，你怜我我怜你，真正地忘情于彼此。

幸得还有知音赏韵的，虽只得一个，对于没有野心的女子来说，却已足够，但她不可能不怀念那曾经的锣鼓喧闹，彩声连连。这样一种窄仄的人生似乎本不应属于一位天才，更何况台上的她是强势的须眉。

于是，杜家的客厅里，常常传出她与戏界旧友的咿咿呀呀。在旧时的杜公馆里于这靡靡之音中倾泻散尽她最后的柔情。

“只是一切都过去了吧。”

这句当年孟小冬时时挂在嘴边的话，到了最后，成了她唯一的安慰。

57 年前，在香港的一条叫作“花园道”的绿荫掩映之处，孟小冬和杜月笙便隐居在这附近。只是，居所已不是旧时上海的恢宏气势，而是那时香港最为普通的公寓。然，对于孟小冬来说，这样已经是最好的结局了吧。至少，总有了个名分。

再无他争，只静静地于每日中陪伴那个懂她、慕她的新良人。

在此，她辉煌的生命，趋于了平和，走向了黯淡。所有的哀怨，不过是看着她的新良人慢慢走向死亡。

至于那位曾经念念不忘的梅郎，在香港，也还曾一面相逢。那是 1956 年打开中日邦交，受周总理委托，梅兰芳特在香港转机时，挑了个时间去看她。

前缘难了，一切却已无可说，亦无须说。心中纵有波澜万丈，面上却只能淡淡地道一声，好久不见。他不知道，她卧室里只摆放两张照片，一是恩师余叔岩，一是旧爱梅兰芳。而她亦不知道，据梅兰芳的管事姚玉芙说，孟小冬演了两场《搜孤救孤》，梅先生在家听了两次电台转播……

当暮年的孟小冬一个人在香港独守着那份寂静，她早已不是当初那个从上海走出去的名伶了。梅孟、杜孟的故事，与她到最后也只若繁花落尽只剩纤尘了。

曾经沧海，风流过往，都已成旧年烟花，灰飞烟灭，无从追忆！我们便只有在偶尔听到黑胶老唱片里那苍凉的唱腔时，才会想起那个特立独行的名伶，她曾经是一位雍容华贵的绝代佳人，然后是一名历尽辛酸的薄命女子。

这，是不是一种遗憾，或者称作悲剧？

如今的上海滩已经盖起了高楼大厦，那昔日的辉煌似过眼云烟。然而，在浮华如梦的20世纪30年的大上海，她的确曾存在过，并留下惊鸿之影。

当我们回忆起那时，你可曾想起那令人魂牵梦萦的“人面桃花”呢？

温暖你

有着“冬皇”之称的孟小冬，是我至为欣赏的女子。

她，才华、清雅，是真正的由绚烂归于静笃的人，更颇具骨气与坚韧。就比如一株蓬勃向上的向日葵一般，要日日让自己生活在艳阳下，做个明媚的美好女子。

在戏台上的魅力无人能及；在戏台之下，她的人生亦是热烈生长的朝阳状态。虽然，在感情的路上，坎坷有之，悲伤有之，但是一生傲岸的她并没有为此萎靡，并没有像所有为爱受伤过的女子那般自怨自艾、妄自菲薄，而是回转身让自己活得更精彩。

诚然，孤傲、理性又才情满满的她，是从来都不允许自己活得狼狈不堪的，即使生活不是那么尽如人意，都会自如地做出最完美的决定，让自己活在最好的一种状态下。

真正美好的女子，可以淡然看透世相，懂得如何认真生活、享受生活。

亦懂得如何爱自己优雅地活下去！

# 倾谈十四 董竹君

## 温暖如水，明媚如花

她，是中国的“娜拉”，中国的“信子”。

她的一生，可谓坎坷，亦可谓华美。

她用一个世纪的风雨华美，

编织了一个青楼女子蝶变成实业家的传奇，

为那时上海滩增添了一道永恒又绚丽的风景。

她的传奇，于世人——

温暖如水，明媚如花。

# 导语

出生在20世纪老上海洋泾浜贫民窟的她，为生活所迫，不幸沦落为卖唱女。然，上海这一方水土，却练就了她铮铮的傲骨。虽深陷卑贱之地，却依然出淤泥而不染，怀拥着一份高洁的性情，不苟且、不退缩，不屈服地追求新生活。终遇革命志士夏之时，使自己获得了“凤凰涅槃”似的重生。

不过，世事终难料。

转瞬间，那个志向高昂的革命者便沉溺到封建世俗里去。于是，她决绝地摆脱男权色彩浓厚的家庭，来到冒险家的乐园——上海，成了轰动一时的中国的“娜拉”。

于是，属于她的华美人生开始在历史的舞台上演。

自古巾帼都不让须眉，一身傲骨的她，在风雨如磐的上海滩赤手空拳地开辟了一份自己的事业。以中国“信子”的名义，创造了一个白手起家的神话。到如今，由她一手创建的“锦江饭店”还在诉说着一个又一个的传奇。

她，亦是一个让人景仰的女子。

她自强、自尊，面对迂腐的丈夫，她毅然放弃荣华富贵，带着四个年幼的女儿，坚韧地走着一条独立自主的道路，不仅把四个女儿都送往美国留学，还创造了一个传奇的“锦江饭店”。

她知性、通达，面对情人知己陈清泉的妻子时，她决绝放弃这份“得不到的爱”，苦痛着自己，却也不愿让别人受到伤害。

她洞悉世事，练达人情，却又不失赤子之心，为了革命信仰，她曾冒死秘密救助了不少革命同志。

新中国成立之时，她亦捐出大笔财产给国家。

这个从青楼走出来的女子，用她特殊的女性魅力，留给历史一个华丽的转身，成就了上海又一个传奇。

※

1935年3月，位于华格臬路的“上海锦江川菜馆”正式开张。

一时间，华格臬路上，鞭炮齐鸣，人声鼎沸。小小的两层楼的锦江菜馆里，挤满了来自四面八方的客人。

据说，当时上海滩上的头面人物杨虎和杜月笙也前来棒场，其轰动可见非同一般。

是怎样的一家饭店，足以让上海滩赫赫有名的黑白两道人物都齐聚一堂呢？

缘由无他，只因这间饭店的掌柜是轰动一时出走的“娜拉”董竹君。

这位曾在上海滩红极一时的头牌艺伎，充满传奇的经历使她成为上海滩极具风云的人物，加上她又颇具才华，善于交际，很快就成为新闻界捕捉追逐的采访对象。所以，在“锦江川菜馆”未开张之前，她的故事及她的“锦江”就被宣传到上海的边边角角了。

被老上海们爱昵地称作“十八层楼，十三层楼”的“锦江”，在以后的岁月里陪伴着董竹君迎来了一个又一个的传奇。这里曾经接待过134个国家500多位首脑人物，这些人每个都是一部传奇，而“锦江饭店”则成了他们人生传奇的一个交汇点。

如今，历经近一个世纪的风雨，这幢十几层的建筑风姿依旧。

透过时光的荒野与那历史的洪流，那个自强自立的“红尘奇葩”渐行渐近，依稀仿佛间我们可见一个“不是和羹劳素手，哪知香国有奇才”的婉转娥眉女子，带着那一丝朦胧冷艳的唯美如流星划过夜空般飘然而去，让人目眩神往。

※

旧时上海滩上最高级的妓院被叫作“长三堂子”，也被称作“书寓”。

这种妓院装修豪华精致，这里面的妓女个个技艺精湛，且琴棋书画样样精通，亦被叫作艺伎。在这样高等的妓院里有这样一个规矩：姑娘未成年不接客，目的是妓院老板要等卖唱的姑娘红了，接客时能开出更高的价钱。

正是这样的规矩，董竹君才侥幸逃过了接客的悲惨命运。

1900 年，董竹君诞生在上海洋泾浜的一个贫民窟里，父亲是拉黄包车的人力车夫，母亲是给人家做粗活的娘姨，虽然夫妇二人拼命地干活，但仍然得不到温饱，一家人过着艰辛的日子。出生在这样的一个家庭，注定了她命运的坎坷。从小就长得清丽出尘的她被人们称为“小西施”，虽然很懂事地帮父母分担着一些家务，但是，悲剧的命运还是降临到她的头上。

十三岁那年，拉黄包车的父亲突然病倒，这一病再没能好，拉黄包车的活自是不能再做了。他们家顿时陷入更大的困境，别说温饱问题，就是房租都不能解决。于是，万般无奈下，父亲只好把尚还年幼的董竹君抵押在高级的妓院里，从而换来得以维生的三百元钱，期限是两年，只卖唱不卖身。当时，上海称为“小先生”或“清倌人”。从此，董竹君顶着“杨兰春”的艺名沦落到风尘。

初入青楼的董竹君心情是极其抑郁的，每日只沉浸在学习技艺之中，脸上终日是愁云惨雾。然而，她与生俱来的美貌和好嗓子，使得她很快成为堂子里的头牌艺伎，每日里都有数不清的客人来捧场。由于她从来都不苟言笑，只冷冷地坐在一隅歌唱抑或者弹奏，于是，大家都称她为“冷西施”。

那时，堂子里的红艺伎身边都会配备一个专门伺候的用人。

作为当时上海滩有名的头牌艺伎，董竹君的身边也有这样的用人。就是这个孟姓的用人，使深陷风尘的董竹君有了凤凰涅槃般的重生。

这位被董竹君称为“孟阿姨”的中年女子，是一位知书达理、颇有见识的人。她态度温和，总是笑眯眯地打理着董竹君的生活起居。眼见董竹君就要步入接客的年纪，她甚是焦急。她对董竹君说，妓院不会放掉她这样的头牌艺伎，即使抵押到期，老板也不会轻易放手，他们会利用黑社会的势力，让你回不了家。有许多好姑娘都没能逃脱这悲惨命运。

就是在孟阿姨循序渐进的引导下，董竹君的心底存下了一份心思，就是在接客以前嫁出去。于是，她开始在客人里挑选能够托付终身的对象。

借此缘由，才有了她和革命党人夏之时续写的那段乱世情缘。由此，她的人生有了一个华美的舞台。依稀，我们可透过历史的层层迷雾看到一袭旗袍的她摇曳在她的舞台上，华丽旋转，迷离惊动。

※

1911 年的辛亥革命改变了中国的命运，但是不幸被帝王梦冲昏头脑的袁世凯窃取了大权。为了称帝，他不仅秘密杀害了新党领袖宋教仁，还大肆残害大批革命党人。为了继续筹划讨袁的二次革命，大批的革命党被迫转入地下。上海红灯区四马路，就是当时革命党人经常出没的地点之一，他们常在那里举行秘密活动。

当时的四川省副都督、革命军总指挥夏之时是这里的常客。他早年留学日本，后来加入同盟会。辛亥革命时，他以新军军官身份领兵起义，为实现中国内地的政治变革立下了显赫战功。

于是，英俊豪放的革命战士夏之时遇上了情窦初开的头牌艺伎董竹君，一段才子佳人的情缘就这样在迷离嘈杂的烟花柳巷上演。

面对浑身都散发着迷人男子气概的夏之时，董竹君的心里犹如乱撞的小鹿四处奔腾，心底溢满的全都是爱的幻想。那时的她，亦出落得俏丽动人，沉鱼落雁的美貌更是惹得人高马大的夏之时怦然心动。就这样，两个互生情愫的年轻男女的恋情在彼此的心间绵远蔓延开来，犹如盛开着的莲花香飘于那个烟花之地。

爱到情浓之时，夏之时欲将她赎出这个是非之地。然而，生性刚烈的她却说不能用他的钱来赎，因为那样会轻了自己。接受过新式思潮的夏之时明白了她的心思后，在佩服之余，亦尊重她的抉择。

不久，袁世凯以三万大洋悬赏夏之时的人头，他只能藏身于日本租界的旅馆。于是，这个为爱而不顾一切的女子，在1914年春末的一个深夜，丢弃所有的珠宝首饰，设计从堂子里逃了出来，投入被通缉的夏之时的怀抱。

由于董竹君出身青楼，他们的结合曾遭到许多革命党人的反对，然而，这对于共过患难又彼此深爱的两个人来说是微不足道的阻碍。两周后，穿着一身白纱裙的董竹君和穿着笔挺西装的夏之时，在松田洋行里举行了仪式简单的婚礼。那年，夏之时二十七岁，董竹君十五岁。

几天后，他们踏上了去往日本的游轮。

在异国他乡，以自由之身诗意地呼吸着樱花香气的董竹君，以凤凰涅槃的姿态获得了她真正的重生。

※

他们一起在日本生活了六年。

六年里，她收获了一个爱情结晶，同时也收获了六年的文化知识。有人说，她真正的文化，及后来的很多开明思想均源自这六年。

诚然如此。

只是，生活中始终暗礁无数，一不小心就会触及。即使在爱里，也会掀起暗涌无数。回国后的董竹君就不幸触及这样的暗礁，那个给了她重生的男子，亦给了她无数的伤害。

那年，她跟随着他回到国内，成了显赫一时的四川省都督夫人。然而，此时的国内，到处是军阀火并的混乱局面。不久，夏之时突然被解除军权，意志的消沉使他逐渐由革命者转变为一个守旧的乡绅，他开始以搓麻将和抽鸦片度日。

董竹君是个懂得感恩的人，她张罗着家里的方方面面，并容忍了这一切。一方面，她希望丈夫能够找回当年那种革命青年的朝气；另一方面她也怀着一种深深的感激，毕竟是夏之时把她从火坑里拉出来，给了她重生的机会。然而，她的隐忍却助长了他的无理和暴虐。

他不仅对董竹君连生四个女儿非常生气，还对董竹君热心社会事业深感不满。那时的董竹君已显现出很强的社交能力来，并因此受到人们的认可和赞扬。大男子主义的他，断是看不得妻子比自己有威望和优秀。于是，他常常无端地折磨董竹君。

一次为了一点小事，他竟然掏出手枪威胁董竹君，甚至连她的父母也遭到无端的侮辱，这让董竹君伤心绝望至极。

她终于为夏之时生下一个男孩，重男轻女的夏之时竟不允许四个女儿读书。这一次，董竹君真的失望了。她终认识到：过多的自我牺牲让婚姻陷入两难，若非自己长期陷于痛苦，就是让另一半不胜其扰。

于是，细思量之后，她决定离开夏，离开这个让她窒息的封建大家庭。

1929 年，她带着四个女儿（因当时儿子大明儿太小，无奈留在了老家）抛弃荣华富贵来到了曾经养育过她的故乡上海，成了出走的“中国娜拉”。这一壮举瞬时间震惊了成都，成为当时各家报纸纷纷大炒的热门新闻。

不久，她和随之而来的夏之时有了一次详谈。在这次详谈当中他们签订了一份最后的协议，即暂时分居五年。她想，假如五年之后双方谁都没有改变自己的思想和观点，那么就离婚。

也就是在这次谈话中，夏说了那句伤透她心的话：“你董竹君要是能在上海滩站住脚，我夏之时就用手板心煎鱼给你吃。”想那时，董竹君在听到这番让人心凉如冰的话时，是怎样心如死灰，那残存心底的一点爱意和敬意便也化为了那烟尘和齑粉。

五年后，这段让人神伤的婚姻终黯然落幕。

※

离婚后的董竹君带着四个孩子在上海苦度岁月，生活的艰辛有时到了令人绝望的地步。为了生计，她整天出入于当铺。但是，这一切并没有把坚强的董竹君打倒。她的苦难是因为离开夏之时，她的辉煌却也因着这苦难得以耀眼上海滩。

为了给孩子最好的教育，为了给双亲筹钱治病，亦为了能帮助她一直认定的先进组织共产党，她决定发挥自己的特长——经商。多方筹集资金后，1930 年春，她创办的群益纱管厂正式开始营业。

眼看事业慢慢红火起来，不料淞沪战役爆发，厂房被突如其来的这场炮火烧成了灰烬。而这时，夏之时更是火上浇油，不断写信劝说董竹君回来，甚至想出一些荒唐的谋害计划。

然而，这些困难和阻碍都难不倒不屈不挠的董竹君。为了办厂，董竹君让孩子们去上寄宿学校，自己则没日没夜地苦干。但产品销路并不好，厂子只能勉强维持。正在这时，房东带着一批华侨前来参观，准备投资入股。一位叫陈清泉的菲律宾华侨见了董竹君，大有相见恨晚之感。他钦佩董竹君的人格魅力，决定帮助她，且欲带她去厦门老家筹资。

却没想到，紧接着发生了一系列不幸的事情：先是因她就淞沪战役发表过抗日的言论，差一点被抓；后是有一进步学生手持一包宣传材料来到她家，不巧却被租界探子跟踪。探子本来是想敲诈一笔钱就算了，却想不到这位女子死都不肯给钱。在敲诈不成的情况下，恼羞成怒的探子将董竹君投入监狱。后来，在多方的共同努力下，才终于得以解脱。在那一年里，她的母亲去世，父亲病倒。这接踵而至的灾难让这个弱小的女子几乎不能够喘息。

然而，否极泰来，四川人李嵩高送来的两千元钱让她重整旗鼓，不顾多人反对，于 1935 年创办了当时在上海滩毫无市场的四川菜饭馆——锦江菜馆。一切都有了转机，董竹君从此开始了她一生中最辉煌的创业。

饭馆出人意料的红火，每日里顾客络绎不绝。据说，杜月笙、黄金荣、张啸林以及当时南京政府要人和上海军政界人物来吃饭都要等上很久，红火程度由此可见。

然而，在旧时上海滩上欲办成一件事并不是那么容易的，何况她还是一个女流之辈。那时，各方的势力遍布在上海滩的各个角落，让人防不胜防。所以，每天，董竹君除了要应付饭店里的各种事务，还必须面对当时上海滩的各种势力。

她深深知道“以德服人”的道理，所以，为了整顿店务她曾亲自下厨三天三夜。此外，她又从四川老家请来和尚师傅掌勺，使“锦江”的面貌为之一新。后来，因发展需要，锦江菜馆曾多次扩建，同时又投资分设了锦江茶室。两店在董竹君的经营下逐步中外闻名，甚至卓别林、美国大使等人都成了饭店的座上客。

据说，当时上海滩的很多头面人物都对她倾慕有加，希望可以将她纳入自己帐下或者家中，她始终不为所动，而是巧妙地周旋于他们中间。

她这个孤身一人独闯上海滩的奇女子，更以自己或刚或柔的非凡气质，赢得了黑白两道人的尊敬和捧场。这不得不让那些以自我为中心的大男人汗颜，且在汗颜之余感叹：原来“巾帼从来都不让须眉”。

※

“八·一三”事变爆发，日军大举进攻上海，残暴的日本人更是把上海滩轰炸得一片狼藉。这个昔日繁华的城市在沦陷后，显得萧条凄荒，人们每日都活在惶恐之中，真真的是水深火热。

她的“锦江”由于声名在外，便也不幸被汉奸利用。一天，一个汉奸为了讨好日军，便带着两名日本特务来“锦江”吃饭。特务吃过后，对“锦江”的菜肴赞不绝口。

祸事由此发生。

他们邀请董竹君到日本军部的虹口旅馆开个“锦江”分店，这让董竹君非常犯难。答应吧，自己马上就会背上汉奸的罪名；不答应吧，日本人是什么都做得出来的，后果不堪设想。

于是乎，上海成了董竹君手里的烫手山芋。舍不得，亦拿不得。不过，最后她还是毅然放弃上海的“锦江”，决定在菲律宾开个“锦江”分店。于是，她把上海的“锦江”托付给经理张进之后，便登上了前往菲律宾的海轮。

这次菲律宾之行，促成了她和陈清泉的相遇。

那日，之前到那里的两个孩子国琼、国秀的音乐演出获得成功，陪同在侧的董竹君十分高兴。陈清泉也来看望两个孩子，没想却见到了董竹君。久别重逢的两人深深沉浸在相逢的喜悦之中，心有千言万语便都化为脉脉含情的无语。

这之后，在异地的国度里，两个惺惺相惜的人，不经意间便让情愫以燎原之势蔓延开来。深陷在爱里的陈清泉更是不能自拔，他让好友桂华山劝妻子跟自己离婚，被桂华山所拒，不得已只好自己亲自去说。

陈清泉的妻子是位虔诚的天主教徒，为了捍卫自己神圣的婚姻，她徒步来到马尼拉，向董竹君摊牌，并表明了自己的立场。董竹君在惊诧之余，也陷入了深深的困惑之中。她自责原本就不该来菲律宾，于是，她从爱的狂恋之中抽身而出，决定悄然退却。

就在这时，陈清泉因不愿与日本人合作，被抓进了监狱。纵心中觉得对不起陈清泉的妻子，她还是在担忧之余，前往监狱去看望陈清泉，并且凭借当年在日本学到的日语，顺利地见到了被囚的陈清泉。

董竹君的到来，令陈清泉备感欣慰。他觉得来日无多，因此，再次大胆地向董竹君发起了爱的攻势。情缘不到头，寸心灰未休。面对此情此景，董竹君泪如雨下。不过，她是聪明善良的女子，明白爱若建立在伤害的层面上，是不会有幸福可言的。所以，这一次，虽心痛亦被相思煎熬的她，毅然决绝地离开了这个本就不属于自己的男子。

至此，一段良缘在她明智的放弃下难以续写。

这个奇女子，在她的生命里一直不断地接受着命运的波折起伏，历经无数难以想象的艰苦，闯过无数无法逾越的难关。然而，她总能够华丽地转身，回头让世人看到的依旧是那个活得从容美丽的女子。

1941 年，太平洋战争爆发，日军远征军入侵到菲律宾，董竹君和两个女儿不幸沦陷在这战火纷飞的国度里，而原来的一切打算都化为泡影，成了名副其实的难民。然而，坚韧、机智若她，在兵荒马乱之时，依然可做到男子才有的临危不乱的气势来。她关照和她一起的难民朋友要穿戴整洁，略施脂粉，因为当时的菲律宾的宪兵们很尊重富人和女士，打扮得漂亮些能博取同情，容易获得救助。

事实证明，她这是神机妙算，在日本飞机的狂轰滥炸下他们果然多次得到意想不到的援手，从而死里逃生。

1945 年年初，在菲律宾受困五年后，董竹君终于回到上海。

只是，此时沦陷区的上海早已面目全非，张进之因知其被困菲国，就不惜牺牲“锦江”的利益，和一些无恶不作之人狼狈为奸，为自己大肆敛财。“锦江”一时陷入困境。然而，她的人生字典里，从就没有“屈服”两字。虽临渊履冰，战战兢兢，但她终化险为夷挽回了“锦江饭店”。

然而，在上海解放之初，当上海市委希望她能将“锦江茶馆”

和“锦江饭店”合并归公时，她却无所顾忌地将价值十五万美元的“锦江”两店奉送给了党和国家。那种视金钱若浮云的豪情亦让人久久难忘。也就是在那年，四川省人民政府公开宣判夏之时为“反革命分子”，这位民国元老被就地枪决。噩耗传来，董竹君却未置一词。

不过，她是重情重义之人，在她内心深处对夏之时一直怀有深深的感铭，要不然，她为何一直将那张结婚照安放在卧室的床头呢？也因此，在夏之时生前，她亦从没对孩子们说过一句他的不好。

至此，她把自己所有的热情都交付给党和国家。

可是，她没能逃掉十年“文革”的厄运。家被抄了，人被关进牢狱，几经昏死的折磨落在已近古稀的她的身上，直到“文革”结束。

※

晚年时，她再显“奇女子”本色，以惊人的毅力和记忆力完成了四十余万字的长篇自传《我的一个世纪》。用平和从容的笔调，使自己百年的沧桑岁月有了一个更华丽的转身。

1997 年 12 月，九十八岁的董竹君安然逝世。

在自传中，她曾如是写：“竹君无貌，无以得到众人的青睐；竹君无才，无以战胜各项困难；竹君不冷，无以抵御种种烦扰。”

经历一个世纪风雨血泪的奇女子，在九十七岁那年接受央视《读书时间》栏目采访时，用一句话总结了自己的性格：“我不向无理取闹低头，对人生坎坷没有怨言。”

我想以这样的心态走过自己一生的老人，大概不会有任何遗憾了吧！

如今，一代传奇女子留下她心爱的“锦江”和世上所有她爱着的人，远去了，留下的却是一个永远的传奇。

## 温暖你

董竹君的一生，告诫我们的是：此生，做一个温暖的人，才可获得一个清雅如水、明媚如花的好人生。

女子，更当如此。

豪爽有时，可尽情开怀地笑，彻底号啕地哭；坦荡有时，诚实善良，对朋友真诚以待，对爱人呵护包容；坚强有时，独立自主，坚韧勇敢，面对困难，或许害怕，或许失败，但绝不逃避；面对感情，或许不舍，或许无奈，但绝不纠缠；面对未来，或许无阻，或许迷茫，但绝不依赖；淡雅有时，得之我幸，失之我命，不依靠，不寻找，更不强求。

如是，便可成为一个聪慧的女子，收敛锋芒，虚怀若谷，懂得退让与宽容，从容自若地去面对生活。如是，才可成为一个幸福的女子，多一些理想，少一点幻想，偶尔失望但不绝望，即使伤心也不伤身，保持一颗乐观开朗的心态认真地生活。

就此，即可获得一个温暖如水、明媚若花的好人生。

就如，董竹君。